EOLAÍ PÓCA

MAMAIGH

Cuntas ar na mamaigh is coitianta san Eoraip arna mhaisiú le pictiúir dhaite

Eleanor Lawrence agus Ruth Lindsay
a d'ullmhaigh

Nicholas Williams
a chuir Gaeilge air

An Gúm

Léarscáil dáileacháin

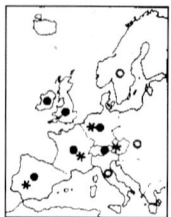

● Le fáil go coitianta sna ceantair seo

○ Le fáil thall is abhus

* Speicis eile ar an aon leathanach atá le fáil sna ceantair seo

Clúdach tosaigh: An Ghráinneog

Foilsíodh an t-eagrán seo faoi cheadúnas ag
Malcolm Saunders Publishing Ltd, Londain

© 1993 an t-eagrán Béarla Atlantis Publications Tta.
© 1996 an t-eagrán Gaeilge seo Rialtas na hÉireann

ISBN 1-85791-161-X

Gach ceart ar cosaint. Ní ceadmhach aon chuid den
fhoilseachán seo a atáirgeadh, a chur i gcomhad athfhála, ná a
tharchur ar aon mhodh ná slí, bíodh sin leictreonach,
meicniúil, bunaithe ar fhótachóipeáil, ar thaifeadadh nó eile,
gan cead a fháil roimh ré ón bhfoilsitheoir.

Computertype Ltd a rinne an scannánchló in Éirinn
Arna chlóbhualadh sa Spáinn ag Graficas Reunidas

Le ceannach díreach ó:	Nó tríd an bpost ó:
Oifig Dhíolta Foilseachán Rialtais,	Rannóg na bhFoilseachán,
Sráid Theach Laighean	Oifig an tSoláthair,
Baile Átha Cliath 2.	4-5 Bóthar Fhearchair,
	Baile Átha Cliath 2.

An Gúm, 44 Sráid Uí Chonaill Uacht., Baile Átha Cliath 1.

Clár

RÉAMHRÁ	8
CONAS AN LEABHAR SEO A ÚSÁID	8
TREOIR CHUN AITHEANTA	9
FEITHIDITEOIRÍ	14
IALTÓGA	23
CARNABHÓIRÍ	37
CREIMIRÍ	59
COINÍNÍ IS GIORRIACHA	90
CRÚBACHA	93
PRÍOMHAIGH	104
MAMAIGH MHARA	105
INNÉACS AGUS LIOSTA SEICEÁLA	122

Réamhrá

Is beag rud sa dúlra a chuirfeadh an oiread gliondair ar an ngnáthdhuine is a chuirfeadh radharc ar mhamach – agus mamach mór go háirithe – ina ghnáthóg nádúrtha. Is deacra teacht ar mhamaigh ná teacht ar fheileacáin nó ar éin, cuir i gcás. Go deimhin is gann atá mórán mamach toisc cónaí a bheith orthu ar an iargúil agus in áiteanna fiáine. Is cúthail na créatúir a lán díobh freisin agus ní thagann siad amach ach sa chlapsholas nó i lár na hoíche féin – rud a fhágann nach furasta iad a fheiceáil ná a aithint. Den chuid is mó ní fhaightear d'fhianaise orthu sin ach leideanna: talmhóga nó poill, mar shampla, loirg sa láib nó sa sneachta, cacanna, craobhacha briste nó fuílleach béilí.

Tá cuntas sa leabhar seo ar bhreis is 130 speiceas mamach a fhaightear san Eoraip. Dúchasaigh a bhformhór mar is beag speiceas orthu a tháinig ó áiteanna eile. Liostaítear thíos gach mamach de chuid lár agus oirthear na hEorpa cé is moite de chorrspeiceas nach bhfuil le fáil ach i gceantair an-teoranta. Tá cuid de na hainmhithe thíos coitianta go maith. Níl cuid eile le fáil inniu ach sna foraoisí is sna sléibhte is fiáine ar fad, siúd is gur féidir teacht orthu i gcomarclanna nó i limistéir chaomhnaithe eile.

Is maith mar a chuireann roinnt mamach iad féin in oiriúint d'athruithe ar a n-imshaol agus réitíonn timpeallacht shaorga go breá leo. Is iomaí cineál mamaigh san Eoraip, áfach, atá faoi shíorbhagairt de bharr a gnáthóg a chailleadh, diantalmhaíochta nó de bharr cíocrais lucht seilge. Tá cuid de na hainmhithe sin faoi chosaint anois ina lán tíortha. Más amhlaidh mar sin a thiocfaidh tú ar áit folacháin ainmhí, nó ar nead nó ar thalmhóg, bíodh meas agat orthu agus ná bain dóibh.

Conas an leabhar seo a úsáid

Tá ocht rannóg sa leabhar seo ar ar aicmí na mamach féin a bunaíodh iad den chuid is mó. Seo iad iad: **Feithiditeoirí; Ialtóga; Carnabhóirí; Creimirí; Coiníní is Giorriacha; Crúbacha; Príomhaigh** agus **Mamaigh Mhara.**

Banda ar dhath faoi leith ag barr an leathanaigh a léiríonn na rannóga éagsúla. Laistigh de gach rannóg pléitear ainmhithe le chéile más gairid an gaol atá eatarthu (féach Treoir chun Aitheanta) agus baineann a shiombail féin le gach grúpa chun an chomparáid a éascú. D'fhonn mamach a shainaithint is ceart ar dtús a shocrú cén rannóg a roinneann sé léi trí fheidhm a bhaint as an eolas agus na siombailí a thugtar sa Treoir.

Treoir chun Aitheanta

Tugtar uimhir leathanaigh ag deireadh gach rannóige chun cur ar do chumas an t-ionad cuí sa leabhar a aimsiú go héasca.

FEITHIDITEOIRÍ
Grúpa ilghnéitheach is ea na feithiditeoirí a mbaineann dhá phríomhthréith leo uile: ceithre chos chúigmhéaracha a bhíonn fúthu uile agus cruimheanna, feithidí, péisteanna, etc. a itheann siad mar aon le hábhar plandúil.

 Gráinneoga: Ní bhíonn mamaigh ar bith eile san Eoraip a mbíonn clúdach de spící gearra géara orthu.

 Dallóga: Cuma luiche a bhíonn orthu seo, ach is lú ná lucha iad de ghnáth. Fionnadh bog a bhíonn orthu, soc fada guaireach agus súile bídeacha. Bíonn cuid mhaith de na dallóga an-fhíochmhar go deo; cosnaíonn siad iad féin ar chreachadóirí gan scáth gan eagla agus ionsaíonn siad creach a bhíonn chomh mór leo féin.

 Caocháin: Faoin talamh a mhaireann siad seo agus ní fheictear ach go hannamh iad. Go minic ní bhíonn d'fhianaise orthu ach na cnocáin nó na hiomairí créafóige a chaitheann siad in airde agus iad ag déanamh tollán faoin talamh. Bíonn a gcuid fionnaidh tiubh; súile bídeacha a bhíonn iontu agus iad clúdaithe le craiceann go minic. Cuma sluaiste a bhíonn ar a ngéaga tosaigh mar is chun tochailte a úsáidtear iad. Gaol de chuid an Chaocháin is ea an Deasman, nach bhfaightear ach speiceas amháin de in Iarthar na hEorpa. Tá an-snámh aige agus soc fada ar féidir é a ionramháil.

IALTÓGA
 Is iad seo an t-aon sórt mamaigh a bhfuil fíoreitilt acu agus is san oíche amháin a thagann siad amach. Beag fionnaitheach a bhíonn a gcorp cé nach mbíonn fionnadh ar bith ar a gcuid sciathán. Bíonn braiteoirí íogara ina srón nó ina gcluasa a chuireann ar a gcumas feidhm a bhaint as macallaí chun nithe a sheachaint sa dorchadas agus breith ar mhíoltóga eitilte. Bíonn an bhíog a ligeann na hialtóga astu chomh géar sin nach féidir le cluas an duine í a chloisteáil ar chor ar bith.

CARNABHÓIRÍ
Is iad seo na feoiliteoirí tipiciúla, na hainmhithe foghla. Is fiagaithe is marfóirí a lán díobh. Bia ilchineálach, áfach, is rogha le cuid acu, i.e. caora agus cnónna mar aon le feoil chreiche. Tréith shuntasach de chuid na gcarnabhóirí is ea na géaráin mhóra (starrfhiacla). Cúig mhéar a bhíonn orthu uile ar na cosa tosaigh agus a cúig nó a ceathair de mhéara ar na cosa deiridh.

 Béir: carnabhóirí móra troma iad seo a ghluaiseann go mall spágach ar a gcosa leathana gairide. Leathan gairid a bhíonn a n-eireaball freisin. Teagmhaíonn iomlán a gcos leis an talamh ag siúl dóibh sa chaoi go bhfágann a gcúig ionga ghéara agus a sáil lorg ar an talamh ina ndiaidh. Ina theannta sin is féidir leis na béir seasamh suas díreach ar a dhá gcos deiridh. Is ilghnéithí a mbia ná bia a lán carnabhóirí eile agus is beag forbairt atá le sonrú ar a ngéaráin.

Mic Tíre agus **Sionnaigh:** cuma gadhair a bhíonn orthu seo agus soc biorach, cluasa bioracha agus cosa fada orthu. Is éifeachtach na fiagaithe is marfóirí iad agus bíonn a ngéaráin suntasach. Is iad na hainmhithe seo na carnabhóirí is glóraí dá bhfuil le fáil. Fuaimeanna éagsúla a dhéanann na speicis faoi leith: uallfairt, geonaíl nó drannadh. Ina bpacaí a bhíonn cuid díobh ach is aonaráin cuid eile.

Racúin: carnabhóirí leathmhóra iad seo a mbíonn eireaball fada fionnaidh orthu agus droim cuar. Uiliteoirí iad gan géaráin shuntasacha. Is maith na dreapadóirí iad.

Easóga, Cait Chrainn, Dobharchúnna, etc.: carnabhóirí beaga nó leathmhóra iad seo. Cosa gairide, cluasa cruinne, géaráin shuntasacha a bhíonn acu uile mar aon le corp fada leabhair (is eisceacht an broc sa chás sin). Bíonn faireog acu sa timpireacht a thairgeann boladh láidir. Baineann na hainmhithe seo feidhm as sin chun a limistéir phearsanta a mharcáil. Cuirtear fiach ar chuid de na speicis ar mhaithe lena gcuid fionnaidh.

An Ginéad agus an **Mongús:** cuma Easóige a bhíonn orthu seo ach gur fada biorach a bhíonn a n-eireaball agus gur gairbhe a bhíonn a gcuid fionnaidh.

Cait: is dócha gurb iad na cait na hainmhithe is treise a bhfuil saintréithe an charnabhóra le haithint orthu. Is láidir na géaráin a bhíonn acu agus ní itheann siad dada ach feoil. Cuma an chait mhóir tí a bhíonn orthu agus cloigeann beag, radharc déshúileach, cluasa bioracha agus fionnadh síodúil orthu. Cosa fada a bhíonn fúthu agus is féidir leo a n-ingne a tharraingt isteach.

CREIMIRÍ
Saintréith dá gcuid seo is ea na clárfhiacla coganta i dtosach an ghéill. Is crua go mór an cruan ar dhromchla tosaigh na gclárfhiacla ná an déidín ar an dromchla cúil. Fágann sé sin gur túisce a chaitear cúl na fiacaile ná a tosach agus go mbíonn faobhar géar uirthi i gcónaí. Ós rud é nach mbíonn géaráin sna creimirí, bíonn bearna sa ghiall idir na clárfhiacla agus na fiacla meilte. Ceithre mhéar a bhíonn ar fhormhór na gcreimirí ar a ngéaga tosaigh agus cúig mhéar ar na cosa deiridh.

Ioraí, Gráinseálaithe agus **Lucha Sléibhe:** creimirí leathmhóra iad seo. Eireaball stothach a lúbann aniar os cionn an droma a bhíonn ar na hioraí. Ainmhithe lae iad seo uile ach an tIora Eitilte amháin.

Codlamáin: ainmhithe oíche iad seo. Súile móra a bhíonn iontu agus eireaball fionnaitheach orthu.

Vóil is **Leimíní:** ainmhithe beaga ramhra iad seo agus a gcluasa bídeacha á gceilt nach mór ag a bhfionnadh tiubh síodúil. Eireaball gearr fionnaitheach a bhíonn orthu. Sa ghrúpa seo a áirítear an Hamstar is an Caochfhrancach.

Lucha is **Francaigh**: creimirí beaga nó leathmhóra iad seo. Fionnadh gearr agus cluasa móra a bhíonn orthu. Lom nó clúdaithe le fionnadh gearr a bhíonn a n-eireaball. Tá gaol ag an Muscfhrancach leis an Vól ach áirítear leis an ngrúpa seo thíos é i ngeall ar a eireaball gainneach.

 An **Béabhar**, an **Cadhpú** agus an **Torcán Craobhach**: is creimirí móra iad seo cé nach ionann iad ó thaobh cuma agus nósanna de.

COINÍNÍ AGUS GIORRIACHA

 Fearacht na gcreimirí, bíonn clárfhiacla sna hainmhithe seo a bhíonn oiriúnach don chogaint. Ceithre cinn de chlárfhiacla sa ghiall uachtarach a bhíonn iontu seo, agus péire díobh ar chúl an phéire eile agus dhá chlárfhiacail sa ghiall iochtarach. Ainmhithe leathmhóra iad a mbíonn cluasa fada caola orthu, cosa láidre deiridh agus eireaball clúmhach gearr.

CRÚBACHA

 Cosa fada crúbacha a bhíonn faoi na hainmhithe seo cé is moite de na muca. Dhá mhéar fheidhmiúla atá sna crúba scoilte dáiríre. Beanna nó adharca a bhíonn ar a gceann: beanna cnámhacha ar na fianna ach adharca ar na ba, ar na gabhair is ar na caoirigh. Luibhiteoirí atá sna hainmhithe seo agus bíonn ceap crua loingeáin chun tosaigh sa bhéal acu a mbaineann siad feidhm as chun féar agus plandaí eile a bhaint. Corónacha casta a bhíonn ar na cúlfhiacla agus fónann siad sin chun an bia crua plandúil a mheilt. Cognaíonn na hainmhithe seo an chíor.

 Muca: bíonn an dá mhéar fheidhmiúla acu seo freisin ach bíonn dhá mhéar eile ar an ngéag agus iad níos faide suas. Is troime na muca ná na crúbacha eile agus cosa gearra a bhíonn orthu agus fionnadh scáinte. Soc agus barr air i gcuma diosca a bhíonn orthu, soc a mbaineann siad feidhm as chun tochailte. Géaráin shuntasacha a bhíonn sa mhuc, i.e. starrfhiacla fada a gcosnaíonn sí í féin leo. Ní chognaíonn na muca an chíor.

PRÍOMHAIGH

 Áirítear an **Daonnaí** agus na **Moncaithe** ar na Príomhaigh mar aon le speicis eile. Is é an tApa Barbarach an t-aon phríomhach amháin atá le fáil san Eoraip cé is moite den Duine féin.

MAMAIGH MHARA

 Rónta: colainn shruthlíneach a bhíonn ag na rónta agus ciseal tiubh saille orthu chun an t-ainmhí a chosaint ar an bhfuacht. Fionnadh gearr a bhíonn orthu. Ní lapaí tosaigh ná lapaí deiridh a bhíonn orthu ach mútóga chun snámha.

 Deilfeanna, Muca Mara agus **Bleidhmhíolta**: colainn shruthlíneach ar dhul éisc a bhíonn ag na mamaigh seo. Is mútóga na géaga tosaigh, bíonn na géaga deiridh ar iarraidh agus eite chothrománach is ea an t-eireaball. Is féidir na hainmhithe seo a rangú ina dhá n-aicme: bleidhmhíolta déadacha (deilfeanna, muca mara agus míolta móra áirithe) agus bleidhmhíolta éidéadacha, a mbíonn 'croiméal' nó plátaí crua ina ngialla acu, a fheidhmíonn mar chriathar agus a choinníonn an bia istigh.

Aithint dhearfa a dhéanamh
Tar éis duit a chinntiú cé acu rannóg a mbaineann do mhamach léi, is féidir leat dul chuig na leathanaigh úd a thugann cuntas ar na mamaigh faoi leith agus a bhfuil pictiúir díobh le fáil orthu. Is sa bhanda daite ag barr an leathanaigh a thugtar méid an ainmhí ó mhullach an chinn go dtí bun an eireabaill; leis féin a thugtar fad an eireabaill. Is meánmhéideanna iad seo araon; má bhíonn deis agat eiseamal a thomhas, nárab ionadh leat éagsúlacht mhór sna toisí.

Ceithre bhosca a fhaightear ar gach leathanach agus eolas iontu a éascóidh an aithint dhearfa. Is éard a gheofar sa chéad bhosca cuntas ar shaintréithe an mhamaigh. Beifear in ann feidhm a bhaint astu sin agus as an léaráid chun an mamach a aithint. Sa dara bosca gheofar breis eolas ar bhitheolaíocht an mhamaigh. Gnáthóg agus dáileadh is ábhar don tríú bosca agus tugtar léarscáil dáileacháin mar áis eolais. Sa cheathrú bosca is ea a luaitear roinnt speiceas eile a d'fhéadfaí a thógáil in amhlachas an speicis atá i gceist.

Saintréithe
Is éard a fhaightear sa bhosca seo léargas ginearálta ar chuma an ainmhí, a mhéid, cuma a chuid fionnaidh, na dathanna a bhíonn air agus saintréith ar bith eile, cuma an eireabaill nó na gcluas, cuir i gcás, an bhfuil adharca, mútóga air, etc.

Bitheolaíocht agus nósanna
Eolas faoi nósanna an ainmhí a gheofar sa bhosca seo a chabhróidh leat chun aithint dhearfa a dhéanamh. Orthu sin is ea a áirítear an t-am den lá is dóichí a bhfeicfear an speiceas; cé acu aonarán nó ainmhí sóisialta atá ann; an ndéanann sé talmhóg nó uachais. Tugtar sonraí a nósanna itheacháin freisin. Is iomaí mamach nach bhfeictear ach a fhágann comharthaí agus lorg ina dhiaidh, rudaí a chuireann in iúl go mbíonn an t-ainmhí thart. Is cuid den léaráid, dá bharr sin, na loirg a fhágann na hainmhithe ina ndiaidh. Nuair is mar a chéile na loirg a fhágann a lán géineas éagsúil (i gcás na ndallóg, mar shampla), ní léirítear na loirg ach aon uair amháin.

Gnáthóg is dáileachán
Ó fhuacht an tundra sa tuaisceart go dtí teas na Meánmhara is éagsúil go maith atá tírdhreach agus aeráid na hEorpa. Léireoidh an léarscáil dáileacháin ar an bpointe an i limistéar faoi leith a bhíonn cónaí ar ainmhí faoi leith. Mioneolas faoi ghnáthóga agus faoi dháileachán a gheofar sa tríú bosca. B'fhéidir nach mbeadh mamach faoi leith coitianta ar fud a réimse toisc nach dtagtar air ach amháin sna ceantair úd laistigh dá réimse a mbíonn gnáthóg oiriúnach le fáil iontu.

Speicis ghaolmhara
Sa cheathrú bosca is ea a luaitear roinnt de na mamaigh arbh fhéidir a dtógáil in amhlachas leis an speiceas atá i gceist. Más sa **chló trom** atá ainm speicis, léirítear mar ainmhí faoi leith in áit eile sa leabhar é nó gheofar é mar aon le speicis eile faoin teideal **Speicis Eile**.

Speicis eile
Tá grúpaí móra mamach ann a n-áirítear a lán speiceas iontu atá fíorchosúil lena chéile, na hIaltóga, na Vóil agus na Dallóga, cuir i gcás. I gcásanna den chineál sin tugtar cuntas ar an aon leathanach amháin ar roinnt speiceas nach bhfuil ríchoitianta nó a mbaineann dáileachán teoranta leo.

Leathanach samplach

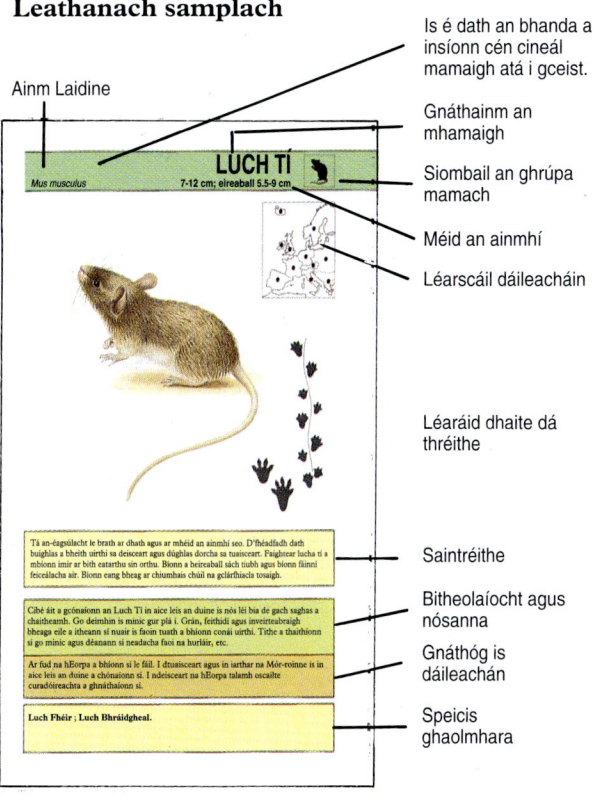

AN GHRÁINNEOG CHOITEANN
20-30 cm; eireaball 2-4 cm — *Erinaceus europaeus*

Tá sí seo ar cheann de na mamaigh is coitianta. Spící gearra géara righne uirthi thar a droim is ar a taobhanna, cosa gearra a bhíonn fúithi agus soc biorach uirthi. Nuair a scanraítear nó a ionsaítear í, is amhlaidh a chuacánn sí ar a chéile í féin. Geimhríonn sí i nead d'fhéar tirim nó de dhuilleoga.

San oíche a thagann sí amach go luath tar éis an chlapsholais. Is minic a sceitheann sí uirthi féin le torann a smúrthachta agus í ag tóraíocht rudaí le hithe. Feithidí, cruimheanna, frogann beaga, earca luachra agus lucha óga a itheann sí chomh maith le caora agus bia plandúil eile.

Is iomaí sórt timpeallachta a mbíonn sí le fáil ann, ó fhraoch go coillte, ar fud iarthar na hEorpa agus dheisceart Chríoch Lochlann. Bíonn sí coitianta i ngairdíní agus ar thalamh saothraithe.

Is í *E. concolor* a ghlacann áit na Gráinneoige Coitinne sa Ghréig agus in oirthear na hEorpa. Is faide na cosa agus is mó na cluasa a bhíonn ar an nGráinneog Ailgéarach a fhaightear ar chósta na Meánmhara, sa Fhrainc is sa Spáinn. Ní dhéanann an Ghráinneog Ailgéarach geimhriú.

AN DALLÓG CHOITEANN

Sorex araneus   5.5-8.5 cm; eireaball 3.5-5.5 cm.

Dallóg í seo atá cuibheasach mór: 4-16 g an meáchan a bhíonn inti. Eireaball fada a bhíonn uirthi agus soc fada ar féidir é a ionramháil. Dath donndubh ar fhionnadh síodúil a droma ach is tláithe fionnadh a boilg. Clúdaíonn an fionnadh na cluasa beaga agus bíonn barr donn ar a fiacla.

Bíonn sí amuigh de ló is d'oíche de ghnáth agus í ag tóraíocht bia. Péisteanna talún agus inveirteabraigh bheaga eile a chaitheann sí. Itheann sí ablach is mó ná sin má thagann sí air. Déanann sí nead duilliúir agus féir laistigh d'fhásra tiubh.

Le fáil ina lán gnáthóg éagsúil ar fud na hEorpa ach ní fhaightear in Éirinn, sa chuid is mó den Spáinn ná ar oileáin na Meánmhara í.

Is gile agus is lú an **Dallóg Fhraoigh** (*S. minutus*) ná í seo. Is ar aon mhéid leis an Dallóg Choiteann atá an Dallóg Dhéadgheal Bheag (*C. suaveolens*) agus a macasamhla de dhallóga eile ach bán a bhíonn a bhfiacla sin agus bíonn a gcluasa le feiceáil.

AN DALLÓG FHRAOIGH
4.5-6 cm; eireaball 3.5-4.5 cm *Sorex minutus*

Dallóg bheag í seo a mbíonn meáchan 2-7 g inti. Dath donn a bhíonn ar fhionnadh síodúil a droma ach dath tláith ar fhionnadh a boilg. Clúdaíonn an fionnadh a dhá cluas. Snoite a bhíonn bun an eireabaill agus is pas beag stothach a bhíonn an t-eireaball féin san ainmhí óg. Barr donn a bhíonn ar na fiacla.

De ló is d'oíche a bhíonn sí gníomhach i ndoimhneacht fásra. Damháin alla, ciaróga agus inveirteabraigh bheaga eile is mó a chaitheann sí. Is maith an snámhóir is an dreapadóir atá inti.

Is iomaí gnáthóg éagsúil a thaithíonn sí, fraoch agus talamh bog báite. Ar fud na hEorpa ach amháin i lár agus i ndeisceart na hIbéire agus ar oileáin na Meánmhara. Gan í i ndeisceart na hEorpa ach ar na cnoic is ar na sléibhte amháin.

Is mó agus is dorcha ná í sin an Dallóg Choiteann (*S. araneus*) agus ní bhíonn a heireaball snoite ag an mbun. Is lú fós ná í sin an Dallóg Éatrúsach (*Suncus etruscus*) agus geal a bhíonn barr a cuidse fiacla.

AN DALLÓG UISCE

Neomys fodiens　　6.5-9.5-6 cm; eireaball 5-8 cm

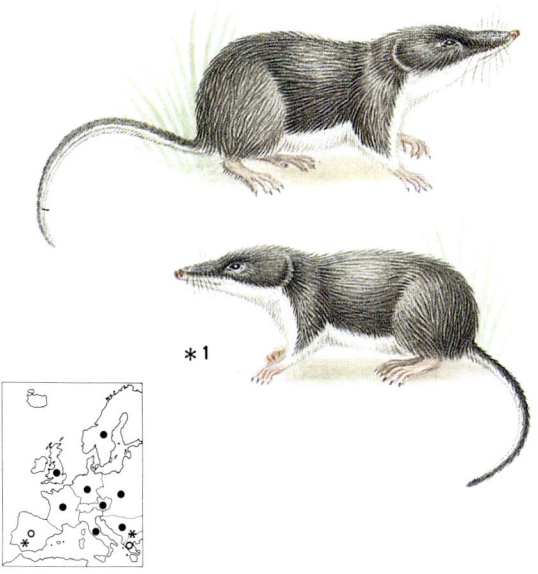

*1

Is í seo an dallóg is mó san Eoraip; meáchan 10-20 g a bhíonn inti. Fionnadh tiubh uiscedhíonach a bhíonn uirthi – dubh ar a droim agus bán ar a bolg. Is mór an cúnamh di chun snámha na guairí righne ar bhoinn a géaga cúil agus ar an taobh íochtarach dá heireaball.

Bíonn sí gníomhach de ló is d'oíche. An-snámhóir is tumadóir is ea í agus caitheann sí cuid mhaith dá saol san uisce. Bíonn sí scafánta ar an talamh chomh maith. San uisce is minice a fhaigheann sí a cuid bia; feithidí, seilidí uisce, éisc bheaga is mó a itheann sí.

In aice le huisce a fhaightear í, go háirithe aibhneacha támáilte agus sruthain bheaga. Ar fud na hEorpa a thagtar uirthi ach amháin in Éirinn agus sa chuid is mó den leithinis Ibéarach.

Tá an-chosúlacht idir í seo agus an **Dallóg Uisce Mheánmhuirí** (*N. anomalus*) (**1**) ó thaobh datha de ach gur lú de bheagán í sin agus nach mbíonn guairí na gcos is an eireabaill chomh suntasach céanna uirthi. Tamall ó uisce in áiteanna boga a fhaightear an Dallóg Uisce Mheánmhuirí uaireanta.

AN DALLÓG DHÉADGHEAL BHEAG
5.5-8cm; eireaball 2.5-4.5 cm — *Crocidura suaveolens*

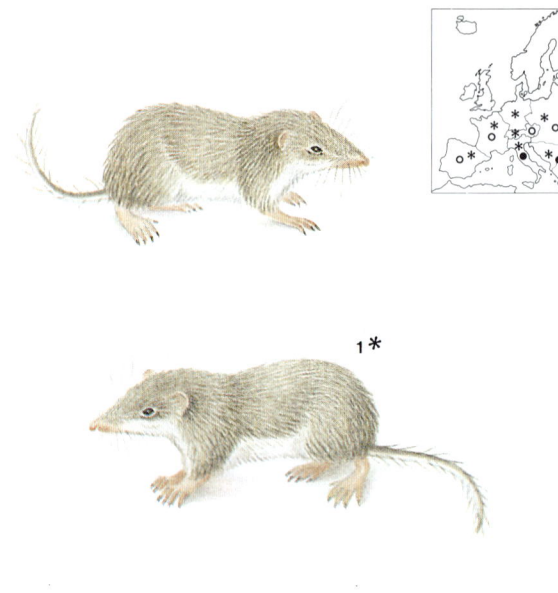

1*

Dallóg bheag í seo a mbíonn méachan 3-7 g inti. Fionnadh síodúil a bhíonn uirthi a bhíonn donnghlas ar a droim ach a théann in éadroime diaidh ar ndiaidh ar a taobhanna is a bolg. Dath geal a bhíonn ar gach cuid dá fiacla agus bíonn a dhá cluas le feiceáil.

Sa lá agus san oíche a bhíonn sí dá cois. Feithidí, cruimheanna agus inveirteabraigh bheaga eile a chaitheann sí. Má chuirtear isteach ar an gcráin agus óga aici, is é is dóichí go dtreoróidh sí chun bealaigh ina scuaine iad. Béarfaidh gach ceann óg, sa siúl dó, ar bhun eireaball an ainmhí roimhe lena chuid fiacla.

Ar thalamh oscailte a fhaightear í i gcruacha féir is i sciobóil. Áiteanna tirime teo is ansa léi seo. Le fáil i ndeisceart na hEorpa chomh fada ó thuaidh le lár na Fraince, sa Ghearmáin, sa tSicil, sa tSairdín agus sna Scillí.

Is tortiúla agus is dorcha an **Dallóg Dhéadgheal Mhór** (1) ná í seo agus i dtuaisceart na Fraince agus sa Ghearmáin a fhaightear í sin. Éagsúlacht ghéar idir dorcha agus éadrom a shonraítear ar fhionnadh **C. leucodon**. Ó oirthear na Fraince soir a bhíonn sí le fáil.

DALLÓGA EILE

Soricidae

Dallóg Shléibhe (*Sorex alpinus*)
(**1**) 6-7.5 cm.
Uachtar slinnliath a bhíonn uirthi seo ach is gile de bheagán a híochtar. Bíonn an t-eireaball chomh fada leis an gceann is an cholainn le chéile. Sna hAlpa agus i sléibhte lár na hEorpa i bhforaoisí buaircíneacha in aice le huisce a fhaightear an Dallóg Shléibhe.

Dallóg Dhéadgheal Riabhach
(*Crocidura leucodon*) (**2**) 6.5-8.5 cm.
Bíonn difríocht shuntasach idir doinne an droma agus gile an bhoilg. Is gearr go maith a bhíonn an t-eireaball, a bhíonn níos dorcha thuas ná thíos. Má chuirtear isteach ar an uachais, treoraíonn an baineannach a gréiscealaigh chun siúil i scuaine agus gach aon cheann acu ag breith ar eireaball a chéile lena chuid fiacla. Le fáil ar thalamh féaraigh, i gcoillte agus i bhfálta i lár agus in oirthear na hEorpa. Níl sí le fáil sa leithinis Ibéarach, sna hoileáin seo ná sa chuid is mó den Fhrainc.

Dallóg Éatrúscach
(*Suncus etruscus*) (**3**) 3.5-4.5 cm.
An dallóg is lú dá bhfuil ann. Cé nach mbíonn sí mórán níos toirtiúla ná ciaróg mhór maraíonn sí is itheann sí feithidí ar nós dreoilíní teaspaigh is criogar. Ar mhachairí réigiún na Meánmhara a bhíonn sí le fáil agus in iarthar na Fraince ar thalamh féaraigh, i scrobarnach agus faoi chlocha agus seanadhmad i ngairdíní.

19

DALLÓGA EILE

Soricidae

Dallóg Laxmann (*Sorex caecutiens*)
(**4**) 5-7cm.
Ó thaobh méide de is idir an Dallóg Choiteann agus an Dallóg Fhraoigh atá sí seo. Bíonn stothanna an eireabaill suntasach nuair a bhíonn an t-ainmhí óg. Le fáil sa tundra agus i bhforaoisí ó Chríoch Lochlann soir.

Dallóg Mhion (*Sorex minutissimus*)
(**5**) 3.5-4.5 cm.
Ainmhí an-bheag í seo. Gearr a bhíonn na cosa deiridh, tréith a dhealaíonn ó ghréiscealaigh na ndallóg eile í. Bíonn a heireaball sách gearr. I bhforaoisí taise buaircíneacha ó Chríoch Lochlann soir a bhíonn sí le fáil.

Dallóg Lachna (*Sorex sinalis*) (**6**) 6-8 cm.
Dallóg mhór í seo; donnghlas a bhíonn sí ar a droim agus glas ar a bolg. I bhforaoisí taise buaircíneacha ó Chríoch Lochlann soir a bhíonn sí le fáil.

AN CAOCHÁN COITEANN

Talpa europaea   **10-15 cm; eireaball 2.5 cm**

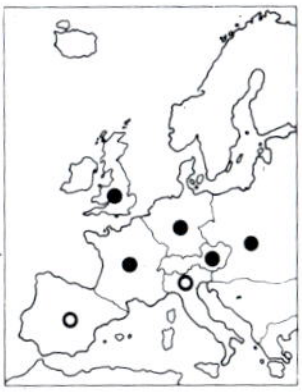

Is tochaltóir é seo a chaitheann formhór a chuid ama faoin talamh. Cuma sluaiste a bhíonn ar a chosa tosaigh agus iad an-oiriúnach chun tochailte. Bíonn a cholainn uile cé is moite dá shoc is dá chosa faoi chlúdach fionnaidh shíodúil dhuibh. Súile beaga bídeacha a bhíonn ann agus iad clúdaithe le craiceann bog go minic.

Is leid an caochán a bheith ann na cnocáin a chaitheann sé in airde ar feadh a chuid tollán. San oíche a bhíonn sé gníomhach den chuid is mó ach ní bhíonn sé os cionn talún ach go hannamh. Is éard a chaitheann sé ná feithidí, cruimheanna agus péisteanna talún a dtagann sé orthu agus é i mbun tochailte. Ní thaithíonn sé talamh fliuch ná gainmheach.

Bíonn sé sách fairsing i dtalamh saothraithe, i dtalamh féaraigh, i ngairdíní agus galfchúrsaí, etc. Ar fud na hEorpa a bhíonn sé le fáil ach amháin san fhíordheisceart, san fhíorthuaisceart agus in Éirinn.

Is lú ná é seo *T. caeca* (leithinis Ibéarach, cósta na Meánmhara, tuaisceart na hIodáile). Ní féidir *T. romana* (iardheisceart na hIodáile) a aithint ach ar bhlaosc a chinn. Dath donnghlas a bhíonn ar an g**Caochfhrancach** agus géaga tosaigh francaigh air.

21

AN DEASMAN PIRÉINEACH
11-13.5 cm; eireaball 13-15 cm *Galemys pyrenaicus*

Ainmhí é seo a bhíonn ar aon mhéid leis an gcaochán agus a mbíonn soc fada air ar féidir é a ionramháil, agus cosa scamallacha deiridh faoi. Fada a bhíonn a eireaball agus bíonn sé clúdaithe le ribí scáinte. Leata a bhíonn an chuid thiar den eireaball. Bíonn faireog mhuisc ag bun an eireabaill óna dtagann boladh láidir bréan.

Tochaltóir é seo a dhéanann tolláin faoin talamh. Snámhóir maith é freisin. San uisce agus ar an talamh a chaitheann sé a chuid. Feithidí uisce agus a larbhaí, péisteanna, éisc bheaga, froigíní is mamaigh bheaga a itheann sé.

Le hais sruthán sléibhe i ngleannta na bPiréiní a bhíonn sé le fáil agus i sléibhte eile i dtuaisceart na leithinse Ibéaraí.

Níl a mhacasamhail eile le fáil san Eoraip.

NA CRÚ-IALTÓGA

Rhinolophidae

1

2

Dath breacliath a bhíonn ar uachtar na n-ialtóg seo ach is gile dath a mbolg. Filleadh casta craicinn i gcruth crú capaill a bhíonn timpeall a sróine. Is féidir feidhm a bhaint as cumraíocht na 'sróndiulle' seo chun na speicis éagsúla a aithint. Is san oíche is mó a bhíonn siad ar eite ó thús oíche ar aghaidh. Aeráid the a thaitníonn leo uile agus is fairsinge dá bharr sin i ndeisceart na hEorpa iad.

Is í an **Chrú-Ialtóg Mhór** (*Rhinolophus ferrumequinum*) (**1**) an ialtóg díobh is toirtiúla (5.5-6.5 cm fad a colainne; 35 cm réise a sciathán). Tá ruacht le brath ar fhionnadh a droma. Thángthas uirthi in iarthuaisceart na Fraince agus in iardheisceart na Breataine.

Is beag bídeach a bhíonn an **Chrú-Ialtóg Bheag** (*R. hipposideros*) (**2**); timpeall 4 cm fad a colainne; 22-23 cm réise a sciathán. Le fáil chomh fada ó thuaidh le hiarthuaisceart na Fraince, iardheisceart na Breataine agus in Éirinn.

Sa samhradh tagann gach aon cheann den dá speiceas le chéile go ndéanann siad slua mór in uaimheanna agus i bhfoirgnimh thréigthe. Codlaíonn siad tríd an ngeimhreadh crochta den díon agus a sciatháin fillte ina dtimpeall.

CRÚ-IALTÓGA EILE

Is speiceas de chuid dheisceart na hEorpa an **Chrú-Ialtóg Mheánmhuirí** (*Rhinolophus euryale*) (**1**) atá idir an Chrú-Ialtóg Mhór agus an Chrú-Ialtóg Bheag ó thaobh méide de. Cruinníonn na hialtóga seo le chéile ina gcoilíneachtaí ollmhóra samhraidh a mbíonn 1000 ialtóg iontu uaireanta. Nuair is ag ligean a scíthe a bhíonn sí ní bhíonn a sciatháin fillte ina timpeall ar fad.

Crú-ialtóg mhór is ea **Crú-Ialtóg Mhehely** (*R. mehelyi*) (**2**) agus dath éadrom uirthi. Cluasa móra a bhíonn uirthi agus is in uaimheanna in aice na Meánmhara is mó a bhíonn sí le fáil.

Tá an-chosúlacht ag **Crú-Ialtóg Bhlasius** (*R. blasii*) (**3**) leis an gCrú-Ialtóg Mheánmhuirí. Is ar chruth dhuilleog na sróine is fearr a aithnítear iad thar a chéile. In uaimheanna in oirdheisceart na hEorpa is mó a bhíonn Crú-Ialtóg Bhlasius le fáil.

AN IALTÓG GHIOBACH

Myotis mystacinus — 4-4.5 cm; réise sciathán 21-25 cm

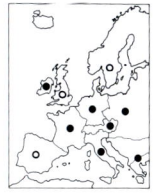

Ialtóg bheag í seo a mbíonn a sciatháin, a srón agus a dhá chluas dorcha. Fionnadh dorcha donnghlas a bhíonn ar a droim; is éadroime ná sin dath a boilg. Bíonn sraith de ribí righne aici os cionn chúinní a béil. Trágas caol biorach a bhíonn uirthi a théann leath bealaigh suas an chluas.

Téann sí amach ag eitilt sa lá uaireanta le linn an earraigh agus an fhómhair. Go hiondúil is go díreach tar éis luí na gréine agus go gairid roimh bhreacadh an lae a bhíonn sí thart. As an aer a bhaineann sí feithidí, nó de dhuilleoga agus de chraoibhíní crann. Gíog íseal chrónánach an glór a dhéanann sí. I móinéir gar do choillte agus in aice le foirgnimh a bhíonn sí le feiceáil.

Ar fud na hEorpa cé is moite de: an Danmhairg, Albain, an fíorthuaisceart agus cuid den Spáinn. I gcrainn fholmha, i bhfoirgnimh thréigthe a chodlaíonn sí sa samhradh. In uaimheanna, i siléir, etc. a gheimhríonn sí.

Is gainne Ialtóg Bhrandt ná í seo ach is beag nach mar a chéile an dá speiceas ó thaobh méide, cuma agus réimse de. Níl de dhifríocht eatarthu ach mionsonraí na bhfiacla agus cruth an bhoid.

IALTÓG NATTERER
4-5 cm; réise sciathán 28 cm *Myotis nattereri*

1 *

Dath donnghlas a bhíonn ar a huachtar seo agus dath geal ar a bolg. Cluasa tréshoilseacha ubhchruthacha a bhíonn uirthi agus dath bándearg orthu. Is ionann fad an trágais agus dhá thrian den chluas féin. Bíonn frainsí de ribí righne ar chiumhaiseanna a sciathán idir na géaga deiridh agus an t-eireaball.

Oícheanta ciúine teo a fheictear í seo i gcoillte, i sráidbhailte agus i mbailte. Bíonn sí ar eite ag deireadh an lae agus ag fiach tríd an oíche. Gíog ghéar leanúnach a chuireann sí aisti. Go mall staidéartha a bhíonn sí ag eitilt. Beireann sí ar leamhain agus iad i mbun eitilte nó baineann sí feithidí de na duilleoga.

Ar fud na hEorpa cé is moite de: formhór Chríoch Lochlann, an tSairdín, an Ghréig agus an iar-Iúgslaiv. Crochann sí as crainn fholmha agus as neadbhoscaí éanlaithe. Sa gheimhreadh in uaimheanna agus i seanfhoirgnimh.

Coilíneachtaí móra a dhéanann **Ialtóg Geoffroy** (1) (lár agus deisceart na hEorpa). Bíonn sí sin ar aon mhéid le hIaltóg Natterer ach donnrua a bhíonn sí agus ní hionann an cruth a bhíonn ar chluasa an dá speiceas. Is féidir speicis eile de chuid an ghéinis *Myotis* a aithint ar mhionsonraí a gcluas.

AN IALTÓG LUICHE MHÓR

Myotis myotis   6.5-8.5 cm; réise sciathán 36-45 cm

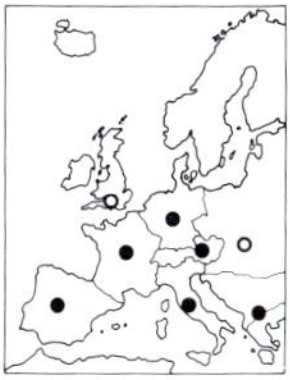

Tá sí seo ar cheann de na hialtóga is coitianta san Eoraip. Dath meándonn a bhíonn ar a droim ach scothbhán a bhíonn a bolg. Fearacht na n-ialtóg luiche eile cluasa móra a bhíonn uirthi. Caol biorach a bhíonn a trágas.

Déanann na hialtóga seo coilíneachtaí an-mhór in uaimheanna nó i bhfoirgnimh le linn an tsamhraidh. Is ina n-aonar a dhéanann siad geimhriú in uaimheanna. Is maith mar a eitlíonn an ialtóg seo ar choillearnach tar éis thitim na hoíche, áit a mbeireann sí ar fheithidí eitilte agus ar chiaróga talún.

Bíonn sí le fáil ar fud na hEorpa ach amháin i gCríoch Lochlann. Is annamh a chonacthas sa Bhreatain í.

Tá cosúlacht idir an ialtóg seo agus an **Ialtóg Luiche Bheag** (1) (deisceart na hEorpa) ach gur caoile a dhá chluas sin. Is minic a théann an dá speiceas chun suain le chéile. Is lú **Ialtóg Bhechstein** (2) (nach bhfaightear i ndeisceart na hEorpa) ná *M. myotis* agus is faide a dhá chluas.

IALTÓG DHAUBENTON
4-5 cm; réise sciathán 25 cm *Myotis daubentoni*

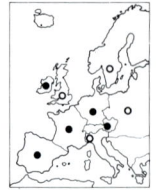

Ialtóg bheag í seo a mbíonn cluasa sách gearr uirthi, cé gur mór iad a dhá cos. Dorcha donnrua a bhíonn fionnadh a droma ach is éadroime ná sin dath a boilg. Trágas biorach a bhíonn uirthi agus ciumhais chuasach chúil air.

Is le huisce a bhaineann an ialtóg seo agus bíonn sí ag sealgaireacht feithidí go híseal os cionn craiceann an uisce. Tagann sí amach as a hionad scíthe tar éis racht fada gíoglaí a chur di. Ní dhéanann sí fuaim inchloiste ar bith, áfach, agus í i mbun fiaigh.

Tá sí coitianta go maith ar fud na hEorpa cé is moite den fhíorthuaisceart, den Ghréig agus d'fhormhór na hIodáile. Déanann sí coilíneachtaí samhraidh i bpoill i gcrainn, i dtolláin, faoi dhroichid, etc. Is ina haonar a chodlaíonn sí tríd an ngeimhreadh.

Is glaise ná í seo an **Ialtóg Fhadmhéarach** (ar chósta na Meánmhara is san Iodáil) agus is mó a dhá cos. Tá an Ialtóg Linne gann (in oirthuaisceart na Fraince, san Ísiltír agus soir ón nGearmáin) agus ardaíonn sí a sciatháin go hard os cionn a colainne ag casadh san aer di.

AN FHEASCARLUCH CHOITEANN
Pipistrellus pipistrellus   3.5-5 cm; réise sciathán 20-25 cm

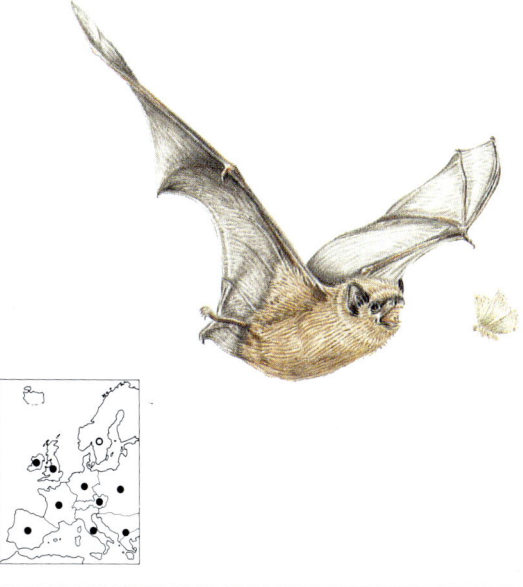

Is í seo an ialtóg is lú san Eoraip agus ní bhíonn de mheáchan inti tar éis chodladh fada an gheimhridh ach 3 g. Fionnadh scothrua a bhíonn ar a droim ach is gile a bolg. Sciatháin chúnga a bhíonn uirthi agus is suntasach an liopa craicinn a fheictear ar chiumhais sheachtrach na hordóige cúil. Is gearr maol a bhíonn a trágas.

Go luath tar éis thitim na hoíche agus tamall gearr roimh bhreacadh an lae a bhíonn sí thart. Cuireann sí fuaim inchloiste aisti, mar atá ticeáil thapa. Déanann sí coilíneachtaí póraithe samhraidh in áiléir tí, etc. Cuireann gíoglach ghlórach na gceann óg in iúl an slua ialtóg a bheith ann. Is san aer a bheireann sí ar fheithidí.

Tá sí coitianta ar fud na hEorpa laisteas de 60° U (seasca céim ó thuaidh) agus is iomaí cineál áite a ghnáthaíonn sí, ó choillte go bailte is sráidbhailte. In uaimheanna, i siléir agus i seantithe a dhéanann sí geimhriú.

Is mó de bheagán **Feascarlucha eile na hEorpa** ná an Fheascarluch Choiteann; ní hionann iad agus ise maidir le dath a gcuid fionnaidh agus mionsonraí a bhfiacla (féach thall). Is ar chruth a gcluas agus a dtrágas a aithnítear na Feascarlucha thar ialtóga den ghéineas *Myotis*.

FEASCARLUCHA EILE
Vespertilionidae

Feascarluch Nathusius (*Pipistrellus nathusii*) (**1**): féachann sí seo amhail is dá mbeadh sí faoi bhrat éadrom seaca. Is éagsúla a dathanna seo ná dath na feascarluiche coitinne. Is leithne a sciatháin freisin. An fhiacail bheag a bhíonn aici idir an géarán agus an fhiacail mhór leathchúil, ní dhéanann sí rádal thar na fiacla ar gach aon taobh di. Is i gcoillte in oirthear na hEorpa is mó a bhíonn teacht uirthi.

Feascarluch Khuhl (*P. kuhli*) (**2**). An-chosúil leis an bhFeascarluch Choiteann ach is tláithe a dath go hiondúil. Ciumhais gheal a bhíonn ar fhíorimeall cúil a sciatháin. Bíonn fiacail inti laistiar den ghéarán uachtarach a bhíonn chomh beag sin gur ar éigean a fheictear ón taobh amuigh í. I ndeisceart na hEorpa agus in iarthar na Fraince a bhíonn sí le fáil agus is mar a chéile a gnáthóga agus gnáthóga na Feascarluiche Coitinne.

Feascarluch Savi (*P. savii*) (**3**). Tá an-chosúlacht aici seo le *P. nathusii* ach is suntasach an dealú idir dath dorcha dhrom na hialtóige seo agus dath tláith a boilg. Cuma 'reoite' a bhíonn uirthi toisc barr geal a bheith ar ribí dorcha a fionnaidh. Ní fheictear an fhiacail bheag leathchúil ón taobh amuigh; bíonn sí ar iarraidh ar fad uaireanta. Is mar a chéile í seo agus an Fheascarluch Choiteann ó thaobh réimse agus gnáthóige de cé gur sna sléibhte is coitianta an ialtóg seo.

PÚCA NA hOÍCHE

Nyctalus noctula — 7-8.5 cm; réise sciathán 40 cm ar a mhéad

1*

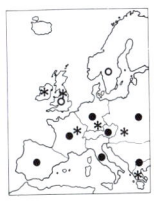

Ceann de na hialtóga is mó san Eoraip. Bíonn sí clúdaithe le fionnadh dúrua nó donnbhuí ach dorcha a bhíonn a haghaidh is a dhá chuas. Bíonn a trágas leathan rabhnáilte.

Is minic a eitlíonn sí sa lá féin agus í go hard ar an spéir. Is féidir an ghíog a chloisteáil a dhéanann sí le linn eitilt. Nuair is san oíche a bhíonn sí ag eitilt, is ísle ná sin a bhíonn sí agus í ag tornáil anonn is anall agus ní féidir an ghíog ghéar a chloisteáil ar chor ar bith. Déanann na céadta nó na mílte díobh seo geimhriú le chéile i gcrainn fholmha.

Tá sí le fáil go fairsing agus go coitianta ar fud na hEorpa (na hoileáin seo san áireamh) chomh fada ó thuaidh le $60°$ U. Ar thalamh íseal is mó a bhíonn sí le fáil i gcoillte duillsilteacha, i bpáirceanna poiblí, etc.

Is lú ná í seo **Ialtóg Leisler** (1) a mbíonn fionnadh donnghlas uirthi agus ribí níos dorcha ag a mbun. Lastuaidh d'Abhainn na Loire amháin. Is é **Púca Mór na hOíche** an ialtóg is mó san Eoraip. I lár agus in oirdheisceart na Mór-Roinne.

AN tAIRNEÁNACH
6-8 cm; réise sciathán timpeall 35 cm *Eptesicus serotinus*

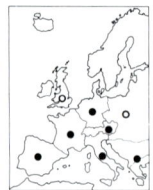

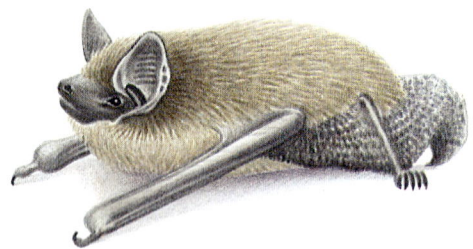

Is ialtóg cuibheasach mór an tAirneánach, a mbíonn cuid dá eireaball ag gobadh amach faoi sheicin na sciathán. Fionnadh donnghlas a bhíonn air. Bíonn trágas na cluaise gearr maol.

Bíonn an tAirneánach seal ag foluain go mall agus seal ag tumadh go hingearach faoi luas. Go luath roimh luí na gréine nó ina dhiaidh a bhíonn sé thart. Beireann sé ar fheithidí le linn eitilt. I gcrainn fholmha agus i bhfoirgnimh a chodlaíonn sé.

I gcoillearnach oscailte, i bhfáschoillte, i bpáirceanna poiblí, etc. is mó a bhíonn sé le fáil ar fud na hEorpa chomh fada ó thuaidh le hoirdheisceart Shasana agus an Danmhairg. Feictear i mbailte móra agus i sráidbhailte scaití é.

Murab ionann agus **Púca na hOíche** (*N. noctula*) agus an géineas *Myotis*, bíonn eireaball na hialtóige seo ag gobadh amach faoin tseicin.

AN IALTÓG THUAISCEARTACH

Eptesicus nilssoni 5-7 cm; réise sciathán 27 cm ar a mhéad

Dealramh an óir, nach mór, a bhíonn ar fhionnadh lonrach na hialtóige bige seo. Dorcha a bhíonn ribí an droma agus barr geal orthu. Is éadroime dath an bhoilg. Gobann an t-eireaball amach beagán (2-3 cm) faoi sheicin na sciathán. Dorcha a bhíonn a haghaidh agus a dhá chluas agus leathan rabhnáilte a bhíonn an trágas.

Sa chlapsholas ag deireadh agus ag breacadh an lae a bhíonn sí thart. Beireann sí ar fheithidí ag eitilt di. Bíonn sí le fáil i ngnáthóga éagsúla: i gcoillte, ar thalamh saothraithe, i sráidbhailte agus sna sléibhte chomh hard suas le 2000 m.

Is faide ó thuaidh a fhaightear í seo ná aon ialtóg Eorpach eile. Tá sí coitianta i gceantair áirithe dá réimse i.e. ó dheas trí lár na hEorpa, i gCríoch Lochlann, agus chomh fada siar le hAlpa na Fraince. Tá sí le fáil laistigh den Chiorcal Artach féin.

Is lú í seo go mór ná an tAirneánach (*E. serotinus*) agus aithnítear ar a dath thar na hialtóga beaga eile í.

AN IALTÓG CHLUASACH CHOITEANN
4-5 cm; réise sciathán timpeall 25 cm *Plecotus auritus*

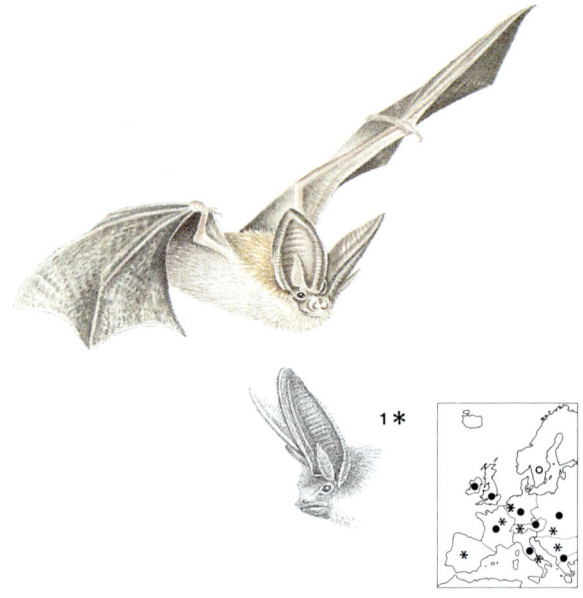

1 *

Ialtóg bheag í seo a mbíonn cluasa rífhada (3-3.8 cm) uirthi a theagmhaíonn le chéile ar mhullach a cinn. Trágas trédhearcach a bhíonn uirthi. Dath éadrom donnghlas a bhíonn ar fhionnadh a droma, agus dath scothbhán a bhíonn ar a bolg.

Leamhain agus féileacáin is mó a chaitheann sí. Ag deireadh an lae is mó a eitlíonn sí agus í ag fáinneáil trí chrainn agus timpeall foirgneamh. Baineann sí feithidí de dhuilleoga uaireanta. Ag codladh tríd an ngeimhreadh di bíonn a dhá chluas fhada clúdaithe ag a sciatháin agus ní fheictear díobh ach an trágas.

I gcoillte, i bpáirceanna poiblí agus i ngairdíní ar fud fhormhór na hEorpa. Ní fhaightear san fhíorthuaisceart ná san fhíordheisceart í. Geimhríonn sí.

An trágas a bhíonn ar an **Ialtóg Chluasach Ghlas** (**1**), ní bhíonn sé chomh trédhearcach le trágas an speicis seo agus is glas ar fad a bhíonn a cuid fionnaidh. Is faide ó dheas a bhíonn sí le fáil freisin, sa chaoi nach bhfaightear sna hoileáin seo í ach amháin in oirdheisceart Shasana.

AN BÁS DORCHA

Barbastella barbastellus 4-6 cm; réise sciathán 25-28 cm

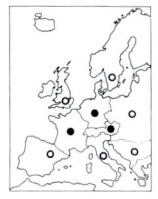

Is ialtóg bheag í seo a mbíonn dhá chluas leathana dhubha uirthi a theagmhaíonn le chéile ar chlár a héadain. Cuma smutmhadra a bhíonn ar a haghaidh bheag dhubh. Ribí dubha a mbíonn barr geal orthu a bhíonn i bhfionnadh a droma, rud a fhágann dealramh 'reoite' air.

Le linn luí na gréine agus roimh bhreacadh an lae a bhíonn sí ag eitilt thart. Crónán íseal nó gíoga garbha an glór a dhéanann sí. I scailpeanna i bhfoirgnimh, i gcrainn agus i mballaí a chodlaíonn sí i rith an lae agus í ina haonar nó ina grúpaí beaga. Leamhain, cuileoga is míoltóga a chaitheann sí, a mbeireann sí orthu le linn eitilt di. In uaimheanna, i mianaigh agus i siléir a dhéanann sí geimhriú.

Bíonn sí le fáil sa chuid is mó d'iarthar agus de lár na hEorpa cé is moite de na háiteanna seo: an fíordheisceart, Éire, Albain agus formhór Chríoch Lochlann. I ndeisceart na hEorpa is sna cnoic is mó a thagtar uirthi.

Níl sí cosúil le speiceas ar bith eile. Is tréithe suntasacha a cluasa agus a haghaidh.

IALTÓGA EILE

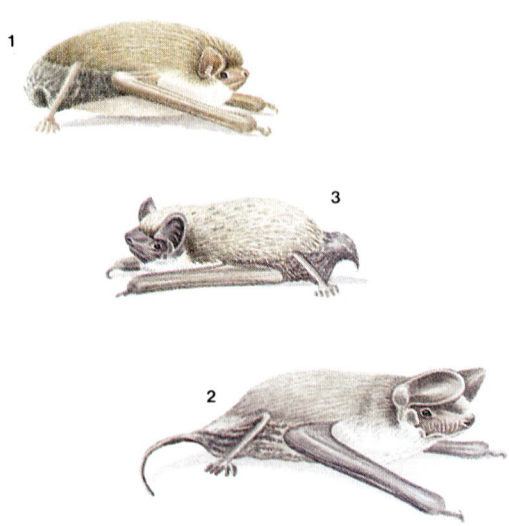

Ialtóg Schreiber (*Miniopterus schreibersi*) (**1**). Is ialtóg leathmhór í seo a mbíonn sciatháin fhada chaola uirthi. Nuair a bhíonn sí i mbun eitilt bíonn dealramh éigin aici leis an ngabhlán gaoithe. I gceantair charraigeacha a bhíonn sí le fáil ó lár na Fraince ó dheas.

Is ialtóg an-mhór an **Ialtóg Eireaballach Eorpach** (*Tadarida teniotis*) (**2**) (8.2-8.7 cm fad na colainne) a mbíonn eireaball fada tiubh uirthi a ghobann amach faoi sheicin na sciathán. Tiubh rocach a bhíonn a beola. I gcnoic agus i sléibhte a bhíonn sí le fáil i limistéar na Meánmhara, sa Spáinn agus san Iodáil. Go minic bíonn sí gníomhach sa gheimhridh má bhíonn an aimsir cineálta.

Is ialtóg leathmhór an **Ialtóg Ildathach** (*Vespertilio murinus*). Cuma 'reoite' a bhíonn ar a fionnadh toisc barr geal a bheith ar ríbí an droma. Fionnadh bán a bhíonn ar a bolg. Dorcha a bhíonn a haghaidh agus a cluasa. Bíonn sí gníomhach sa gheimhreadh le linn na haimsire fuaire féin. Tá sí le fáil i lár na hEorpa chomh fada siar le hoirthear na Fraince agus ó thuaidh go dtí deisceart Chríoch Lochlann.

AN BÉAR DONN

Ursus arctos

1.3-2.5 m; eireaball 5-15 cm

Tá sé seo ar cheann de na mamaigh is toirtiúla san Eoraip, arae d'fhéadfadh meáchan 200 kg a bheith ann. Fionnadh tiubh a bhíonn air a mbíonn dath donnghlas éadrom nó dath nach mór dubh air nó lí ar bith idir eatarthu. Bíonn cosa ramhra agus muineál cumhachtach air; bíonn cruit os cionn na nguaillí air.

San oíche is mó a bhíonn sé gníomhach. Bia de gach uile shórt a chaitheann sé: cruimheanna, feithidí, caora, fréamhacha agus mamaigh bheaga. Déanann sé uachais dó féin i gcrann folamh nó in uaimh agus is inti a gheimhríonn sé. Fágann sé fianaise ina dhiaidh, leithéidí neadacha seangán arna gcartadh, carraigeacha iompaithe nó scríobadh ar chrainn is ar thoir.

I bhforaoisí buaircíneacha a bhíonn sé le fáil ó Chríoch Lochlann soir. Maireann corrcheann fós sna hAlpa is sna Piréiní.

Níl aon ainmhí san Eorpach atá cosúil leis.

AN SIONNACH nó AN MADRA RUA

60-90 cm; eireaball 35-45 cm

Vulpes vulpes

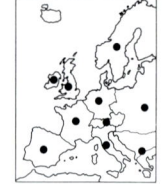

Ainmhí coitianta é seo san Eoraip agus bíonn feiceáil go minic ag daoine air. Cosúlacht madra bhig nó madra leathmhóir a bhíonn air. Meáchan 5-15 kg a bhíonn ann. Fionnadh glé donnrua a bhíonn air agus beagán den dubh tríd go minic. Dath geal a bhíonn ar a bholg, ar a chliabhrach agus ar bharr a eireabaill stothaigh. Cluasa móra a bhíonn air agus soc biorach.

San oíche is mó a bhíonn sé thart. Téann sé sa tóir ar chreimirí beaga agus itheann sé éin is a n-uibheacha freisin. Tochlaíonn sé talmhóg dó féin nó téann sé chun cónaithe i seanbhrocais. Marcálann sé teorainneacha a limistéir féin lena mhún bréan agus lena chacanna.

Is féidir leis an Sionnach é féin a chur in oiriúint do thimpeallacht ar bith. Is iomaí cineál gnáthóige a thaithíonn sé: an tuath, páirceanna poiblí agus talamh díomhaoin sna bailte móra. Faightear ar fud na hEorpa é.

Ní thógfaí ainmhí ar bith eile ina amhlachas seo. Dealaíonn a dhath, a shoc biorach agus a eireaball scuabach stothach ón madra clóis é.

AN SIONNACH ARTACH

Alopex lagopus 50-85 cm; eireaball 30-55 cm

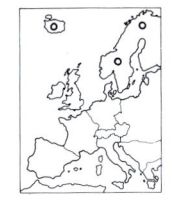

Tá dhá chineál dhifriúla den ainmhí seo le fáil. Dath donnghlas a bhíonn ar aghaidh, ar dhroim agus ar an taobh amuigh de chosa an chéad chineáil le linn an tsamhraidh, ach is glasbhán a bhíonn a bholg. Dath bán a bhíonn ar an ainmhí ar fad le linn an gheimhridh. Maidir leis an gcineál eile (an Sionnach Gorm), dath glasghorm a bhíonn air ó cheann ceann na bliana.

Sa lá a bhíonn sé thart agus is ag rith is gnáthaí a fheictear é. Téann sé sa tóir ar leimíní den chuid is mó agus vóil eile, ach itheann sé éin, uibheacha, splíonach agus sméara féin más gá. Tochlaíonn sé talmhóg i dtalamh ghainmheach mar áit chónaithe.

Ar thundra agus ar thalamh oscailte sléibhtiúil a bhíonn sé le fáil má oireann an ithir chun prochóg a thochailt. Bíonn sé le fáil san Íoslainn, sna sléibhte i gCríoch Lochlann agus soir uaidh sin lastuaidh den Chiorcal Artach.

Ní thógfaí aon ainmhí eile ina amhlachas seo.

39

AN SEACÁL
65-105 cm; eireaball 20-40 cm

Canis aureus

Ainmhí leathmhór é seo is mó ná sionnach agus is lú ná madra mór. Dath scothghlas a bhíonn ar fhionnadh a dhroma a théann chun órdhoinne ar na taobhanna is na cosa. Cluasa móra a bhíonn air agus lapaí a bhíonn cuibheasach beag.

San oíche a bhíonn sé amuigh de ghnáth agus é ina aonar. Uallfairt uaigneach a chuireann in iúl go bhfuil an t-ainmhí ann. Is iomaí rud a itheann sé, caora is torthaí, cuir i gcás, nó déanann sé scroblachóireacht in aice le feirmeacha agus cúlacha spruadair. Téann sé sa tóir ar éin agus ar mhamaigh bheaga freisin.

Níl sé le fáil san Eoraip ach ar thalamh oscailte sa Ghréig agus sna tíortha atá teorantach léi.

Is troime agus is mó an **Mac Tíre**. Is féidir an Seacál a aithint thar mhadraí clóis ar a chluasa móra, a eireaball scuabach agus ar an gcaoi a mbíonn sé thart ina aonar san oíche.

AN MAC TÍRE

Canis lupus

90-150 cm; eireaball 35-50 cm

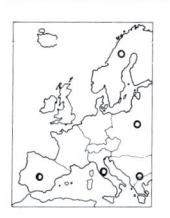

Ainmhí mór feoiliteach é seo a bhféadfadh meáchan 80 kg a bheith sa cheann fásta fireann. Fionnadh glas nó buíghlas a bhíonn air. Aghaidh leathan a bhíonn air agus bíonn rufa tiubh fionnaidh air laistiar de na leicne. Eireaball scuabach a bhíonn air a mbíonn sleabhac air agus an t-ainmhí ag siúl.

Is sóisialta an t-ainmhí an Mac Tíre. Ina ghrúpa beag gaolta nó i bpaca beag a bhíonn sé agus a sheilgeann sé ach amháin nuair is fíorbheag líon na n-ainmhithe sa cheantar. San oíche is mó a bhíonn siad thart agus is i bhfad a thaistealaíonn siad agus iad sa tóir ar fhianna ach go háirithe. Sa lá agus san oíche a chloistear a n-uallfairt.

Tá an Mac Tíre an-ghann anois in iarthar na hEorpa. Tá sé fós in áiteanna iargúlta agus i gcomarclanna sa Spáinn, sa Phortaingéil, san Iodáil agus sa Ghréig ach níl thar chúpla céad díobh in aon tír acu sin. Is soir ón Rúis atá formhór na Mac Tíre le fáil.

Is lú an **Seacál** agus is mó a dhá chluas. Aithnítear an Mac Tíre thar Alsáiseach mór nó a leithéid de mhadra mór clóis ar leithne a aghaidhe, ar a rufa tiubh fionnaidh, ar a eireaball sleabhcánta agus ar gcaoi a gcoinníonn sé a chloigeann faoi.

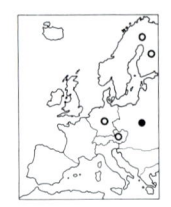

AN SIONNACH SEAPÁNACH
55-80 cm; eireaball 15-25 cm *Nyctereutes procyonoides*

Is ainmhí leathmhór é seo a bhfuil dealramh aige le madra gearrchosach. Tiubh donnghlas a bhíonn a fhionnadh agus bíonn masc suntasach dubh ar a aghaidh leathan. Gearr rabhnáilte a bhíonn a dhá chluas. Eireaball scuabach a bhíonn air agus é dorcha thuas agus níos éadroime thíos.

San oíche agus ina aonar a bhíonn sé gníomhach. Téann sé sa tóir ar chreimirí beaga, ar éisc, etc. Feithidí agus ábhar plandúil a chaitheann sé freisin. Le linn an gheimhridh sa tuaisceart is nós leis dreasa fada codlata a dhéanamh i dtalmhóg.

I lár na hEorpa a bhíonn sé le fáil agus siar tríd an nGearmáin go dtí fíoroirthear na Fraince. Coillte ina mbíonn casarnach thiubh a ghnáthaíonn sé, go háirithe in aice le haibhneacha agus lochanna. Ón Áise a tugadh isteach san Eoraip é.

Racún.

AN RACÚN

Procyon lotor

50-70 cm; eireaball 20-25 cm

Ainmhí leathmhór é seo. Fionnadh glas a bhíonn air agus masc suntasach ar a aghaidh. Bíonn fáinní dubha ar an eireaball scuabach.

Coillte a thaithíonn sé, coillte darach gar d'uisce go háirithe. Is maith an dreapadóir é agus is minic a dhéanann sé nead i gcrann folamh. Gach saghas bia a chaitheann sé: dearcáin, torthaí, caora is grán, cuir i gcás, chomh maith le feithidí, cruimheanna, uibheacha éan agus mamaigh bheaga.

Ó Mheiriceá Thuaidh a tugadh isteach san Eoraip é agus faightear sa Ghearmáin anois é agus sna tíortha atá teorantach léi.

Ní thógfaí aon ainmhí eile ina amhlachas seo.

AN BHLÁTHNAID GHALLDA
17-38 cm; eireaball 3-12 cm *Mustela nivalis*

Ainmhí beag caol í seo agus tá an-éagsúlacht le sonrú ar a méid. Is lú a bhíonn sí sa tuaisceart ná sa deisceart. Fionnadh donnrua a bhíonn ar a droim ach geal a bhíonn a híochtar. Ní bhíonn barr dubh ar a heireaball. Is mó an ceann fireann ná an ceann baineann. Tagann dath geal ar chorrainmhí san fhíorthuaisceart.

De ló is d'oíche a bhíonn sí gníomhach. Is gnách léi creimirí beaga a sheilg, ina dtalmhóga go minic. Is maith an dreapadóir í agus beireann sí ar éin is ar uibheacha. Glórtha éagsúla a dhéanann sí: siosarnach, tríleach, bíogarnach.

Ar fud na hEorpa a bhíonn sí le fáil, cé is moite d'Éirinn, i ngach cineál gnáthóige.

Bíonn barr dubh ar eireaball na h**Easóige**. Nuair a fhaightear an Easóg agus an Bhláthnaid Ghallda san aon limistéar amháin is iondúil gurb í an Easóg is mó díobh.

AN EASÓG, AN BHEAINÍN UASAL nó AN FHLANNÓG
Mustela erminea — 18-30 cm; eireaball 6-12 cm

Colainn fhada chaol a bhíonn aici seo agus barr dubh ar a heireaball. Dath donnrua a bhíonn ar fhionnadh a droma ach is éadroime dath a híochtair. Sa tuaisceart is amhlaidh a thagann dath geal ar an gcolainn uile cé is moite de bhior an eireabaill. 'Eirmín' a thugtar ar a leithéid sin d'ainmhí geal.

San oíche agus sa lá a sheilgeann sí. Téann sí sa tóir ar lucha, ar vóil, ar éin, etc. Is aclaí fiosrach an t-ainmhí atá inti agus preabann sí amach as a háit fholaigh i gclais nó laistiar de chearchaill adhmaid chun breathnú ar an té atá ag dul thar bráid.

Tá sí le fáil ar fud na hEorpa cé is moite de limistéar na Meánmhara. Is iomaí cineál gnáthóige a mbíonn sí le fáil iontu. Is beag fothain a bhíonn uaithi.

Is lú an **Bhláthnaid Ghallda** cé is moite den deisceart agus ní dubh a bhíonn barr a heireaball.

AN MHINC EORPACH
35-40 cm; eireaball 13-14 cm

Mustela lutreola

Ainmhí fada caol is ea í seo agus cosúlacht easóige móire uirthi. Fionnadh dúdhonn lonrach a bhíonn ar a colainn uile cé is moite de phreabán geal ar a liopa uachtarach agus a smig. Oireann a dhá chluas bheaga agus na scamaill bheaga ar a cosa dá saol san uisce.

In aice le huisce a bhíonn sí le fáil, i riasca agus ar bhruacha aibhneacha is lochanna. Is san oíche agus ina haonar a thagann sí amach. Is maith an snámhóir is an tumadóir í agus is san uisce a bheireann sí ar roinnt mhaith dá n-itheann sí. Éisc, débheathaigh, creimirí beaga, cráifiscí agus inveirteabraigh eile a chaitheann sí.

Ní fhaightear in iarthar na hEorpa í ach amháin i gceantar beag in iarthar na Fraince. In oirthear na hEorpa is mó a bhíonn sí le fáil.

Toghán; is mó i bhfad an **Dobharchú**. Nuair a éalaíonn an **Mhinc Mheiriceánach** ó fheirmeacha fionnaidh, ní fhaightear í agus an Mhinc Eorpach san aon limistéar amháin go hiondúil. Ní bhíonn preabán geal ar an Minc Eorpach ach amháin ar a smig.

AN MHINC MHEIRICEÁNACH

Mustela vison 30-45 cm; eireaball 15-20 cm

Tá an-dealramh aici seo leis an Minc Eorpach ach gur ar a smig amháin a bhíonn an preabán geal murab ionann is ar an liopa uachtarach. Uaireanta feictear minceanna 'gorma' nó geala a d'éalaigh le gairid as feirmeacha fionnaidh. Ní éiríonn leo iad féin a bhuanú ar an bhfiántas.

San oíche is mó a bhíonn sí thart. Sárshnámhóir atá inti. Éisc, débheathaigh agus mamaigh bheaga a chaitheann sí. Fágann sí cacanna bréana in áiteanna feiceálacha, ar chlocha móra i lár abhann, cuir i gcás, chun a limistéar a mharcáil.

In aice le huisce a bhíonn sí le fáil. D'éirigh le teifigh ó fheirmeacha fionnaidh iad féin a bhuanú san fhiántas in áiteanna sa Bhreatain, i gCríoch Lochlann agus i gcorrionad eile ar Mhór-Roinn na hEorpa.

Toghán; is mó go mór an **Dobharchú**.

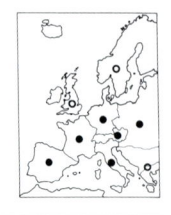

AN TOGHÁN nó AN CAT COILLE
30-45 cm; eireaball 9-18cm (fireannach)　　　　*Mustela putorius*

Colainn fhada chaol a bhíonn aige seo agus cosa gearra. Dath dúdhonn a bhíonn ar a chuid fionnaidh cé is moite de ghile a shoic agus den phreabán laistiar dá shúil. Éadrom a bhíonn dath an fhionnaidh in aice lena chraiceann agus feictear an dath geal sin in áiteanna. Tá gaol gairid aige leis an bhfiréad agus tá an-chosúlacht eatarthu. Is éadroime dath an Fhiréid go hiondúil.

San oíche is mó a bhíonn sé gníomhach. Seilgeann sé creimirí, coiníní, agus froganna ach itheann sé inveirteabraigh agus splíonach chomh maith. Is annamh a dhéanann sé snámh ná dreapadóireacht. Nuair a scanraíonn sé is amhlaidh a chuireann sé boladh bréan as. Is minic a fhaightear in aice le foirgnimh é.

I gcoillte ar thalamh íseal a bhíonn sé le fáil agus i riasca agus ar bhruacha aibhneacha. Le fáil ar fud na hEorpa cé is moite d'Éirinn agus de thuaisceart Chríoch Lochlann. Sa Bhreatain ní thagtar air ach sa Bhreatain Bheag agus ar a teorainneacha.

Dúdhonn uile a bhíonn an **Mhinc** agus is san uisce a fheictear go hiondúil í. Is mó iad na **Mártain** ná é seo agus bíonn preabán buí ar a mbráid.

AN MÁRTAN PÉINE nó AN CAT CRAINN

Martes martes   35-55 cm; eireaball 17-28 cm

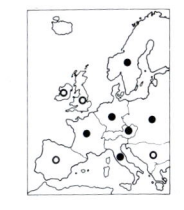

Ainmhí leathmhór é seo. Colainn fhada chaol a bhíonn aige agus eireaball a bhíonn scuabach go maith. Donn domhain a bhíonn ina chuid fionnaidh agus bíonn preabán buí ar a bhráid. Bíonn a dhá chluas feiceálach agus is gile a ndath ná an chuid eile den cholainn.

Ina aonar a bhíonn sé thart san oíche go hiondúil. Ag deireadh nó roimh bhreacadh an lae a thugtar faoi deara é. An-dreapadóir atá ann agus téann sé sa tóir ar chreimirí, lucha agus vóil san áireamh. Déanann sé uachais dó féin i gcrann folamh nó i scailpeanna carraige.

I bhforaoisí buaircíneacha a bhíonn sé le fáil agus i bhforaoisí measctha ar fud na hEorpa chomh fada ó dheas le tuaisceart na Spáinne. Ní thagtar air sa Ghréig. Sa Bhreatain ní fhaightear é ach in Albain agus i gcorráit i dtuaisceart Shasana agus i dtuaisceart na Breataine Bige.

Mártán Feá; Toghán

AN MÁRTAN FEÁ
40-48 cm; eireaball 22-26 cm *Martes foina*

Tá an-dealramh aige seo leis an Mártan Péine ach is bán a bhíonn preabán bhráid an Mhártain Fheá a théann chomh fada le huachtar na ngéag tosaigh uaireanta.

Is coitianta i bhfad é seo ná an Mártan Péine in aice le foirgnimh agus i mbailte. San oíche a bhíonn sé thart go hiondúil agus é ina aonar. Lucha, dallóga is éin a chaitheann sé. An-dreapadóir atá ann. I bhfoirgnimh a dhéanann sé a uachais uaireanta.

I gcoillte duillsilteacha a bhíonn sé le fáil agus ar learga clochacha cnoc. Tá sé ag dul i líonmhaire anois i gceantair fhoirgnithe. Faightear ar fud dheisceart agus lár na hEorpa é agus soir uaidh sin. Níl sé sa Bhreatain, áfach, ná i gCríoch Lochlann.

Mártan Péine; Toghán

AN DOBHARCHÚ nó AN MADRA UISCE
Lutra lutra — 55-100 cm; eireaball 30-55 cm

Colainn fhada a bhíonn ag an Dobharchú ach cosa gearra. Fada bunramhar barrchaol a bhíonn a eireaball. Lapaí scamallacha a bhíonn air agus is láidir scafánta an snámhóir é. Tiubh dúdhonn a bhíonn a chuid fionnaidh ach gur éadroime dath a bhrád. Cluasa beaga a bhíonn air agus féasóg shuntasach.

Is aonaránach seachantach an t-ainmhí an Dobharchú agus is san oíche is mó a bhíonn sé gníomhach. Is iomaí cineál éisc a mharaíonn sé mar aon le mamaigh bheaga, débheathaigh is crústaigh. Déanann sé uachais dó féin idir fréamhacha crann nó faoi chlocha móra ar bhruach abhann. Fágann sé cacanna in áiteanna feiceálacha d'fhonn a limistéar a mharcáil.

Cois farraige nó in aice le haibhneacha is lochanna a fhaightear é. Bíonn sé le fáil ar fud na hEorpa cé go ndeachaigh sé as ar fad i gceantair faoi leith agus gur gann atá sé in áiteanna eile.

Is raimhre an **Cadhpú** is an **Béabhar** agus ní bhíonn siad chomh tapa ná chomh haclaí i mbun snámha. Is furasta iad sin a aithint lasmuigh den uisce. Is lú an **Mhinc**.

AN BROC
70-90 cm; eireaball 12-20 cm *Meles meles*

Is téagartha an t-ainmhí an Broc agus d'fhéadfadh meáchan 17 kg a bheith ann. Is furasta é a aithint ar a éadan stríocach dubh agus bán, ar a bholg dubh agus ar a dhroim mothallach glas.

Ainmhí sóisialta atá ann a mhaireann ina ghrúpaí beaga. San oíche a bhíonn sé gníomhach mar is go díreach tar éis dheireadh an lae a thagann sé amach chun a chuid a chaitheamh. Péisteanna talún, feithidí, éin, uibheacha agus mamaigh bheaga a itheann sé. Tochlaíonn sé brocais dó féin agus tolláin fhada mar bhealaí isteach inti. Feictear carnáin chréafóige lasmuigh de bhéal na dtollán.

Coillearnach dhuillsilteach ar thalamh saothraithe an ghnáthóg is rogha leis. Bíonn sé le fáil ar fud na hEorpa cé is moite den fhíorthuaisceart agus corroileán sa Mheánmhuir.

Ní thógfaí an Broc in amhlachas ainmhí ar bith eile.

AN GLUTAN

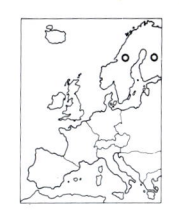

Gulo gulo

70-80 cm; eireaball 15-25 cm

Ainmhí dúdhonn a mbíonn déanamh trom air is ea an Glutan. Tá dealramh aige le béar beag ach go mbíonn a eireaball scuabach agus go mbíonn stríoc leathan gheal ar a leicne agus a thaobhanna. D'fhéadfadh meáchan 25 kg a bheith ann. Is lú de bheagán an baineannach ná an fireannach.

Fiagaí aonaránach atá ann a bhíonn ag fánaíocht ar fud limistéar fairsing agus é sa tóir ar fhianna agus ar mhamaigh is lú ná iad. Itheann sé splíonach chomh maith. Idir carraigeacha nó i muiní a dhéanann sé uachais dó féin. Briseann sé suas a chreach go gcuireann i bhfolach í. Go luath san earrach a bheirtear na coileáin i bprochóg i ndoimhneacht an tsneachta.

Sna sléibhte agus sa tundra a bhíonn sé le fáil ó Chríoch Lochlann soir.

Ní thógfaí ainmhí ar bith ina amhlachas seo.

AN GINÉAD
47-60 cm; eireaball 40-50 cm　　　　　　　　　　　　*Genétta genetta*

Carnabhóir tanaí gearrchosach é seo a mbíonn fionnadh ballach air. Bíonn a eireaball an-fhada agus bíonn fáinní dorcha is éadroma gach re seal air. Bíonn a dhá chluas feiceálach agus a shoc biorach.

Ainmhí aonaránach é agus is san oíche a bhíonn sé gníomhach. Téann sé sa tóir ar chreimirí beaga, éin agus reiptílí den chuid is mó. Caitheann sé caora is torthaí freisin. Is oilte an dreapadóir é.

Ní bhíonn sé le fáil san Eoraip ach amháin sa Spáinn, in iardheisceart na Fraince agus sna hOileáin Bhailéaracha. Coillearnach agus scrobarnach a thaithíonn sé. Bíonn sé le fáil sna Piréiní chomh fada suas le 2000 m.

Ní thógfaí ainmhí ar bith ina amhlachas seo.

AN tICNEOMAN

Herpestes ichneumon
50-55 cm; eireaball 35-45 cm

Carnabhóir tanaí gearrchosach é seo. Fionnadh garbh donn a bhíonn air agus dath liath tríd. Eireaball fada bunramhar barrchaol a bhíonn air. Geal a bhíonn barr an eireabaill.

San oíche is mó a bhíonn sé gníomhach ach tagann sé amach sa lá uaireanta. Is ina aonar a bhíonn sé ach amháin i gcás an bhaineannaigh a mbíonn cinn óga aici. Téann sé sa tóir ar choiníní, ar chreimirí, ar éin, ar nathracha agus reiptílí eile.

Speiceas de chuid na hAfraice is an Neasoirthir é seo a tugadh isteach tráth chuig deisceart na Spáinne agus na Portaingéile. Is ar scrobarnach agus learga clochacha cnoc a bhíonn sé le fáil.

Toghán; Mártain.

AN FIA-CHAT
50-65 cm; eireaball 30 cm

Felis silvestris

Ar aon mhéid le cat mór tí a bhíonn sé seo. Níl oidhre ar bith ar an bhFia-chat ach cat breac mór fiochmhar. Is stríocach i gcónaí, ní ballach, a bhíonn an fionnadh. Bíonn fáinní dubha ar an eireaball tiubh barrmhaol. Is féidir leis an bhFia-chat crospórú leis an gcat tí.

Is ina aonar a bhíonn sé den chuid is mó. San oíche a thagann sé amach de ghnáth. Is aclaí an fiagaí é agus is ar an talamh a dhéanann sé stalcaireacht ar a chreach. Creimirí, coiníní agus mamaigh bheaga eile a chaitheann sé chomh maith le héisc uaireanta. Bíonn sé ag meamhlach is ag crónán ar nós an chait tí. Murab ionann agus an cat tí ní fholaíonn sé a chuid caca.

Sa leithinis Ibéarach, deisceart na hIodáile, leithinis na mBalcán, agus in Albain agus ar shléibhte lár na hEorpa a fhaightear é. Cónaíonn sé i bhforaoisí agus i scrobarnach an deiscirt.

Tá an-dealramh ag an bhFia-chat le cat tí breac atá imithe fiáin. Aithnítear an cat tí ar a eireaball tanaí biorach agus ar a fhionnadh ballach nó ballach stríocach. Stríocach a bhíonn an Fia-chat.

AN LINCSE BHREAC

Lynx pardina

80-110 cm; eireaball 12 cm

Cat mór fadchosach í seo agus fionnadh donnbhuí uirthi a bhíonn breactha le spotaí dubha. Barr dubh a bhíonn ar a heireaball gearr. Bíonn stothanna fionnaidh ar a cluasa is ar a leicne. Is minic a bhíonn stríoc shuntasach dhubh ón tsúil go dtí an leiceann.

Ina haonar is san oíche a bhíonn sí thart. Téann sí sa tóir ar ghiorriacha, ar chreimirí, ar mhamaigh bheaga eile agus ar éin. I measc cloch nó i gcrann cuasach a dhéanann sí a huachais.

Seo í an cineál lincse atá le fáil sa leithinis Ibéarach. I scrobarnach thiubh ar thalamh íseal a bhíonn sí nó sna sléibhte i lár agus i ndeisceart na leithinse.

Ní thógfaí í seo in amhlachas ainmhí ar bith eile.

AN LINCSE
80-130 cm; eireaball 15-20 cm

Lynx lynx

Cat mór fadchosach an lincse a mbíonn cluasa agus leicne stothacha uirthi. Bíonn fionnadh uirthi a mbíonn cuid de clúdaithe le spotaí dorcha. Is iondúil gur breac a bhíonn a taobhanna agus uachtar a cos ar a laghad. D'fhéafadh bundath an fhionnaidh a bheith donnbhuí nó donnghlas tláith. Bíonn a heireaball gearr agus dubh a bhíonn a bharr.

Ina haonar agus san oíche a bhíonn sí thart. Is ar an talamh a dhéanann sí sealgaireacht nó faireann sí a creach agus í cuachta i gcrann. I measc carraigeacha nó i gcrann folamh a dhéanann sí prochóg. Giorriacha, creimirí agus éin talún is mó a chaitheann sí. Bíonn an lincse fhireann ag uallfairt san earrach.

Is é an limistéar is mó a mbíonn sí le fáil ann foraoisí buaircíneacha i dtuaisceart na hEorpa ó lár Chríoch Lochlann soir. Bíonn sí le fáil i gcorráit eile sna hAlpa, i Sléibhte Cairp agus sna Balcáin.

Ní thógfaí an t-ainmhí seo in amhlachas speicis ar bith eile.

AN tIORA RUA

Sciurus vulgaris 20-28 cm; eireaball 15-24 cm

Eireaball scuabach a bhíonn air seo. Donnrua domhain nó donnghlas nó imir éigin eatarthu an dath a bhíonn ar a dhroim. Is éadroime dath a bhoilg. Giolcaireacht an glór a dhéanann sé. Fágann na tréithe sin uile gur furasta an t-ainmhí a aithint agus é ag rith ar feadh craoibhe. Tagtar uaireanta ar shamplaí den Iorua Rua a bhíonn dubh ar fad. Is suntasach na stothanna cluaise.

Crainn a ghnáthaíonn sé seo agus is ar feadh an lae a bhíonn sé gníomhach. Tagann sé anuas ar an talamh scaití chun cnónna tite, meas fáibhile, fungais, etc. a bhailiú. Cuirtear an bia i dtaisce. Déanann sé nead a mbíonn díon cuar uirthi i ngabhal crainn. Baineann sé na crotail de bhuaircín lena chuid fiacla is caitheann uaidh an buaircín lom.

Is é seo iora coitianta mhór-roinn na hEorpa agus bíonn sé le fáil go fairsing i gcoillte, i bpáirceanna agus i ngairdíní. Ó tugadh an tIora Glas isteach sa Bhreatain, d'imigh an tIora Rua as a lán áiteanna.

An t**Iora Glas** (sna hoileáin seo amhain). Bíonn an **Siopmunc Sibéarach** (a d'éalaigh as zúnna, etc.) le fáil anois sa Fhrainc, sa Ghearmáin, san Ísiltír agus san Ostair; bíonn cúig stríoc dhorcha ar a dhroim agus ní bhíonn a eireaball chomh dosach le heireaball an Iora Rua.

AN tIORA GLAS
25-30 cm; eireaball 20-25 cm *Sciurus carolinensis*

Is ó Mheiriceá Thuaidh a tugadh an t-ainmhí seo isteach sna hoileáin seo. Is mó é ná an tIora Rua agus dath glas nó donnghlas a bhíonn air i gcónaí. Is minic frainse geal ar a eireaball. Ní bhíonn stothanna ar a dhá chluas.

Crainn a thaithíonn sé agus is i gcrann a dhéanann sé a nead. Caitheann sé cuid dá am ag ithe ar an talamh. Cnónna, dearcáin, meas fáibhile, plandaí glasa, fungais agus fréamhacha a chaitheann sé.

I bpáirceanna poiblí, i ngairdíní agus i gcoillte duillsilteacha is measctha i Sasana agus sa Bhreatain Bheag a bhíonn sé le fáil, mar ar ghlac sé ionad an Iora Rua. Ní bhíonn sé le fáil ar mhór-roinn na hEorpa ar chor ar bith.

An tIora Rua (in oirthear na hÉireann, i ndeisceart na hAlban, i Norfolk agus sa Bhreatain Bheag). Is lú an tIora Rua ná an tIora Glas agus is éagsúil a dhath: donnrua domhain go hiondúil.

AN GRÁINSEÁLAÍ EORPACH

Spermophilus citellus 20-22 cm; eireaball 6-7 cm

Iora talún é seo a bhíonn ar aon mhéid le muc ghuine. Is minic a fheictear ina shuí ar a ghéaga deiridh é. Dath buíghlas éadrom a bhíonn ar a fhionnadh; le fionnadh a bhíonn a eireaball clúdaithe agus bíonn a dhá chluas beag dofheicthe.

I dtolláin faoin talamh a chónaíonn sé, ina choilíneachtaí móra go minic. Sa lá a bhíonn sé gníomhach. Nuair a scanraíonn sé ligeann sé fead ghéar. Síolta féir agus grán a chaitheann sé. Is nós leis a bhia a iompar i málaí pluice. Codlaíonn sé ar feadh an gheimhridh faoin talamh. Tagann sé aníos ar talamh san earrach agus na cinn nuabheirthe lena chois.

Ar fhéarach tirim agus ar thalamh saothraithe in oirdheisceart na hEorpa a bhíonn sé le fáil. Faightear uaireanta é chomh fada siar leis an bPolainn, oirthear na Gearmáine agus an tSlóvaic.

Is breac le spotaí a bhíonn fionnadh an Ghráinseálaí Bhallaigh. Is raimhre an **Hamstar Coiteann**, bíonn eireaball gearr agus fionnadh ildathach air, agus is mó a chluasa.

61

AN LUCH SHLÉIBHE nó AN MARMAT
50-55 cm; eireaball 15 cm *Marmota marmota*

Bíonn an t-iora talún seo mór ramhar agus í ar aon mhéid le gadhar beag. Bíonn ceann mór agus géaga beaga uirthi. Is minic a thagtar uirthi agus í ina suí. Fionnadh tiubh scothghlas a bhíonn uirthi agus a heireaball clúdaithe le fionnadh.

Sa lá a bhíonn sí gníomhach. Féara agus fásra glas a itheann sí. Ina coilíneachtaí a chónaíonn sí i dtolláin dhoimhne i gcréafóg nó i scileach. Is ansin a gheimhríonn sí freisin. Nuair a scanraíonn sí, ligeann sí fead ghéar rabhaidh.

I móinéir arda sna hAlpa agus i Sliabh Tatra na Slóvaice a bhíonn sí le fáil. Tugadh isteach sna Piréiní í.

Ní thógfaí ainmhí ar bith eile ina hamhlachas seo.

AN tIORA EITILTE

Pteromys volans — 14-20 cm; eireaball 9-14 cm

Iora beag é seo a mbíonn fionnadh liathghlas ar a dhroim is a thaobhanna. Bíonn a bholg geal. Is amhlaidh a bhíonn filleadh leathan de chraiceann ar gach aon taobh dá cholainn agus síneann sé é sin amach chun é féin a choinneáil suas agus é ag léim ó chraobh go craobh. Bíonn dhá shúil mhóra ann.

Is cúthail an t-ainmhí é seo agus is san oíche a bhíonn sé dá chois. Déanann sé nead i gcrann folamh agus is ann a chuireann sé bia i bhfolach. Caitíní fearnóige is beithe a chaitheann sé mar aon le craoibhíní beaga agus ábhar plandúil de gach saghas. Itheann sé uibheacha éan freisin.

I bhforaoisí measctha a bhíonn sé le fáil ón bhFionlainn soir.

Ní thógfaí ainmhí ar bith eile ina amhlachas seo.

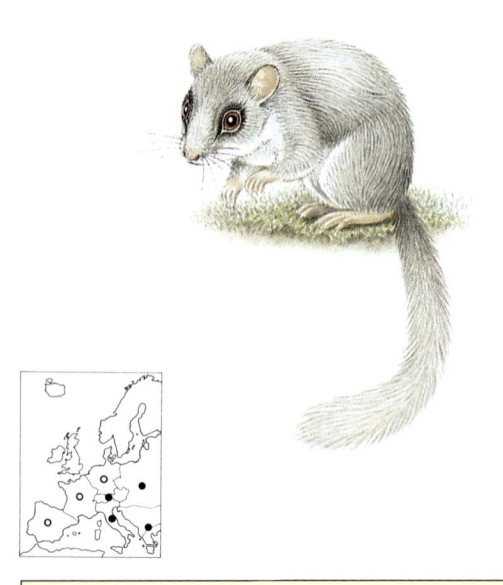

AN CODLAMÁN RAMHAR
15-20 cm; eireaball 11-15 cm *Glis glis*

Codlamán mór glas é seo, eireaball scuabach air agus bolg geal. Bíonn na súile mór agus treisíonn na fáinní dubha ina dtimpeall lena méid. Bíonn guairí na féasóige fada. An-dreapadóir atá ann mar is láidir an greim a bhíonn sna cosa.

Ainmhí oíche atá ann. Tar éis luí na gréine a thagann sé amach chun é féin a bheathú. Cnónna, caora, torthaí, síolta agus coirt a chaitheann sé – agus éin bheaga, b'fhéidir. Is iomaí glór a dhéanann sé, díoscán garbh san áireamh. Faoin talamh i gcuasa arna líneáil le féar tirim, etc. a chodlaíonn sé ar feadh an gheimhridh.

I gcoillte duillsilteacha agus i gcoillte measctha. I bpáirceanna poiblí agus in úlloird freisin. Faightear ar fud lár agus dheisceart na hEorpa é cé is moite den Spáinn. Ní fhaightear sa Bhreatain é ach amháin in oirdheisceart Shasana.

Is mó an t**Iora Glas** agus is sa lá a bhíonn sé gníomhach.

64

AN CODLAMÁN COILL

Muscardinus avellanarius   **6-9 cm; eireaball 6-8 cm**

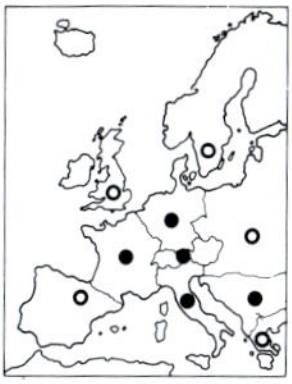

Codlamán beag é seo agus fionnadh órbhuí nó donnrua a bhíonn air. Geal a bhíonn a bholg. Súile móra a bhíonn aige, cluasa beaga agus eireaball fada fionnaitheach a ndéanann sé puirtleog de nuair thagann fearg nó faitíos air.

San oíche a bhíonn sé dá chois. An-dreapadóir atá ann agus i gcrainn agus i dtoir a chaitheann sé formhór a shaoil. Cnónna coill, cnónna eile, caora caorthainn is aitil a chaitheann sé mar aon le bachlóga is péacáin. Nead chruinn ar a mbíonn taobhdhoras a dhéanann sé i dtor. Codlaíonn sé ar feadh an gheimhridh.

Fáschoillte coill, imeall foraoisí, foraoisí báite, páirceanna is gairdíní. Ar fud na hEorpa ach amháin san Ibéir agus chomh fada ó thuaidh leis an mBreatain agus deisceart Chríoch Lochlann.

Codlamán Darach. Is féidir na Codlamáin a aithint thar chreimirí beaga oíche eile ar a n-eireaball scuabach.

AN CODLAMÁN DARACH
10-17 cm; eireaball 9-12 cm *Eliomys quercinus*

Codlamán é seo a mbíonn dathanna suntasacha faoi leith ar a fhionnadh: stríoca dubha a bhíonn air os cionn a dhá shúil agus ar a ghéaga tosaigh ar an taobh amuigh. Barr leibhéalta stothach dubh is bán a bhíonn ar a eireaball. Bíonn a dhá chluas mór.

San oíche a bhíonn sé gníomhach agus is dreapadóir maith atá ann. Is minic a fhaightear ar an talamh é. I bpoll i gcrann nó i scoilt i mballa a dhéanann sé a nead. Bíonn a chuid bia ilchineálach: cnónna, torthaí, feithidí, seilidí, uibheacha, etc. a itheann sé. Codlaíonn sé ó Mhí Dheireadh Fómhair go Mí Aibreáin.

I gcoillte, i ngairdíní agus in úlloird a bhíonn sé le fáil ar fud iarthar agus lár na hEorpa. Ní bhíonn sé sa Bhreatain, san Ísiltír, i dtuaisceart na Gearmáine ná i gCríoch Lochlann.

Codlamán Ramhar

AN LEIMÍN LOCHLANNACH

Lemmus lemmus — 13-15 cm; eireaball 15-19 mm

Ainmhí beag smutmhaol é seo a mbíonn eireaball gearr air. Bíonn a cholainn bog agus bíonn gréasán deimhneach dubh, buí agus donnbhuí ar a chuid fionnaidh. Ní deacair na hainmhithe seo a aithint, go háirithe nuair a théann siad chomh mór sin i líonmhaire gur plá iad, nach mór. Déanann na sluaite díobh imirce ansin.

Ar an talamh ard a bhíonn siad le fáil. Caonach, féar, cíb agus plandaí eile a chaitheann siad. Tochlaíonn siad poill agus tolláin éadoimhne le haghaidh an tsamhraidh. Faoin sneachta a dhéanann siad a neadacha geimhridh. Bíonn an-torann ó na hainmhithe seo agus bíonn siad ag siosarnach is ag bíogarnach go glórach.

I sléibhte na hIorua agus na Sualainne a bhíonn siad le fáil.

Is lú an **Leimín Coille** agus slinnliath a bhíonn a fhionnadh. Is lú freisin na vóil eile a bhíonn le fáil in aon limistéar leis an Leimín Lochlannach. Dath idir donnrua agus glas a bhíonn ar a bhfionnadh siúd.

AN LEIMÍN COILLE
8-11 cm; eireaball 1-1.5 cm *Myopus schisticolor*

Creimire beag cúthail é seo. Bíonn sé coitianta blianta áirithe thar a chéile. Bíonn fionnadh bog dúghlas air agus bíonn preabán donndearg ar íochtar dhroim an ainmhí fhásta. Bíonn an t-eireaball gearr neamhfheiceálach.

Déanann sé tolláin, neadacha agus bealaí sa chaonach i bhforaoisí buaircíneacha taise. Caonach is mó a chaitheann sé cé go n-itheann sé ábhar eile plandúil freisin.

I gCríoch Lochlann a bhíonn sé le fáil ó oirdheisceart na hIorua soir.

Is leor a eireaball gearr agus a dhath dúghlas chun é a dhealú ó gach vól den mhéid chéanna a bhíonn le fáil san aon réigiún leis.

AN VÓL TAOBHGHLAS

Clethrionomys rufocanus 11-13 cm; eireaball 2.5-4 cm

Creimire beag é seo a mbíonn fionndh bog glas ar a thaobhanna is ar a bholg. Stríoc chaol rua a fheictear feadh lár a dhroma.

De ló is d'oíche a bhíonn sé gníomhach. Dreapadóir maith atá ann; bachlóga, duilleoga agus coirt a itheann sé. Déanann sé bealaí i bhféar is i gcaonach.

Ó Chríoch Lochlann soir a bhíonn sé le fáil, sna sléibhte, ar mhóinteáin arda agus i bhforaoisí arda beithe.

Is lú an Vól Bruaigh agus is faide síos ar na taobhanna a théann fionnadh donnrua an droma. Is amhlaidh is faide an t-eireaball freisin. Ní fhaightear **Vól Droimrua an Tuaiscirt** ach san fhíorthuaisceart. Bíonn a thaobhanna donnbhuí tláith.

AN VÓL BRUAIGH
8-13 cm; eireaball 3.5-7 cm *Clethrionomys glareolus*

Creimire beag cruinn é seo a mbíonn fionnadh donnrua air agus eireaball cuibheasach fada. Is chun glaise a théann dath an droma ar na taobhanna agus is geal a bhíonn an bolg. Dorcha a bhíonn uachtar an eireabaill agus éadrom a bhíonn a íochtar. Is mó a shúile is a chluasa ná súile agus cluasa na vól eile.

Sa lá agus san oíche a bhíonn sé gníomhach agus le linn an gheimhridh. Déanann sé bealaí i bhféar agus faoin talamh ach dreapann sé os cionn talún freisin. Bachlóga agus duilleoga a itheann sé mar aon le feithidí agus inveirteabraigh bheaga eile. Faoi chearchaillí tite nó i bhfréamhacha crann a dhéanann sé a nead.

Tá sé coitianta i bhformhór na hEorpa. Faightear i gcorráit é sa leithinis Ibéarach, in Éirinn agus in aice le Muir Aidriad. Faightear i gcoillte de gach uile chineál é agus i scrobarnach thiubh.

Is lú na **Dallóga** go hiondúil agus bíonn a soc fada biorach. Is faide eireabaill na **Luch** agus ní bhíonn fionnadh orthu. Is feiceálaí a gcluasa freisin. **Vóil** eile.

AN VÓL TUAISCEARTACH & AN VÓL DEISCEARTACH
Arvicola terrestris (T) 12-23 cm; eireaball 5-14 cm

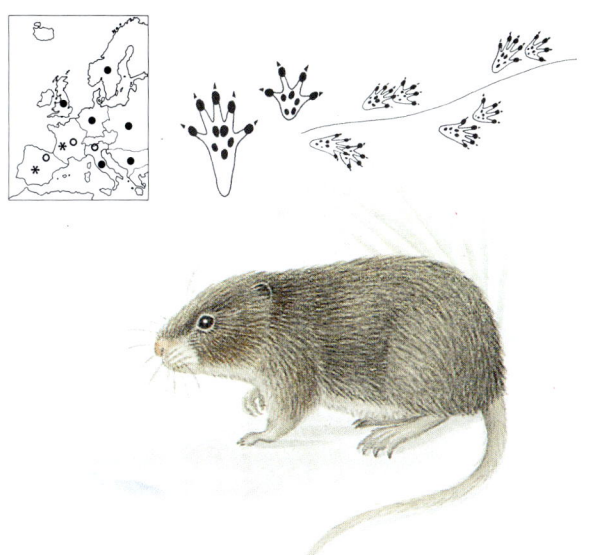

Is iad seo na vóil is mó san Eoraip. Dath dorcha nó dubh féin a bhíonn ar a bhfionnadh. Is éadroime fionnadh a mboilg. Eireaball fada a bhíonn orthu agus cluasa beaga fionnaitheacha. Is mó go mór na cosa deiridh ná na cosa tosaigh.

Is sárshnámhóirí iad agus is in aice le huisce a thagtar orthu go hiondúil, cé gur in ionad tirim a chuireann *A. terrestris* faoi scaití. Déanann siad tolláin i mbruacha aibhneacha. Plandaí a itheann siad, go háirithe cíb is luachair. Cuireann *A. terrestris* fréamhacha i dtaisce i gcomhair an gheimhridh.

Is é *A. terrestris* atá arna léiriú thuas. Ar fud na hEorpa a bhíonn sé le fáil chomh fada siar le hoirthear na Fraince, an Bhreatain agus na Piréiní. Glacann *A. sapidus* a áit in iarthar na Fraince agus san Ibéir. Is mar a chéile an dá speiceas ar an taobh amuigh.

Nuair a bhíonn an dá speiceas le fáil san aon cheantar amháin, is é *A. sapidus* an ceann díobh is mó, agus d'fhéadfadh a eireaball a bheith 14 cm ar fad. Soc fada biorach a bhíonn ar na **Dallóga Uisce** agus fionnadh dubh síodúil ar a ndroim; bán a bhíonn a mbolg.

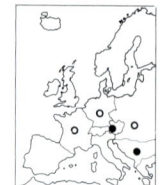

AN VÓL PÉINE COITEANN
8-10 cm; eireaball 2.5-4 cm *Pitymys subterraneus*

Vól beag gearreireaballach é seo. Dath buídhonn a bhíonn ar a fhionnadh tiubh. Is dorcha an droim ná na codanna eile. Bíonn na súile beag, agus na cluasa beaga folaithe nach mór faoin bhfionnadh. Murab ionann agus an géineas *Microtus* cúig mheall a bhíonn ar na vóil phéine uile ar na boinn deiridh.

San oíche is mó a bhíonn sé gníomhach. Faoin talamh a chaitheann sé a lán dá chuid ama i dtolláin fhada achar gairid ó chothrom na talún. Fréamhacha, bleibíní, etc. a chaitheann sé a dtagann sé orthu faoin talamh.

I móinéir, ar fhéarach oscailte agus i gcoillte oscailte a bhíonn sé le fáil i gceantair a n-oireann a gcréafóg chun tolláin a thochailt. Ó lár agus ó thuaisceart na Fraince soir a fhaightear é go dtí lár na hEorpa. Le fáil chomh fada suas le 2000 m ar learga na nAlp.

An **Vól Péine Alpach** sna hAlpa amháin. Níl aon difríocht ar an taobh amuigh idir é agus an speiceas seo. Is in iarthar na Fraince agus san Iodáil a bhíonn **Vól Péine Savi**. Is éadroime a dhath sin ná dath an speicis seo agus gan ach trí chuspa ar a chúlfhiacail deiridh; **Vól Péine Meánmhuirí**.

AN VÓL COITEANN

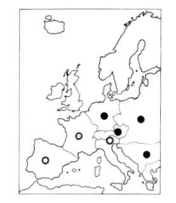

Microtus arvalis   9-12 cm; eireaball 3-4.5 cm

Bíonn fionnadh an vóil seo gearr néata. Dath donnghlas a bhíonn ar a dhroim agus dath níos éadroime ar a bholg. Is lom nach mór a bhíonn na cluasa taobh istigh ach bíonn frainse tiubh ribí ar an imeall uachtarach.

Sa lá agus san oíche a bhíonn sé gníomhach. Tochlaíonn sé tolláin faoin talamh agus is iontu a chónaíonn sé. Féara is planda glasa eile a chaitheann sé. Coirt a itheann sé sa gheimreadh.

Bíonn sé le fáil go coitianta ar mhóinéir thirime; is san fhéar gairid a thagtar air. Ar fud na hEorpa a bhíonn sé le fáil cé is moite den Bhreatain, de Chríoch Lochlann agus de limistéar na Meánmhara.

Is giobaí sraoillí an **Vól Féir** agus bíonn meall breise aige ar an taobh istigh dá chúlfhiacail uachtarach láir. Is speiceas de chuid oirthear na hEorpa an **Vól Fréimhe** nach bhfaightear in iarthar na hEorpa ach san Ísiltír amháin.

AN VÓL FÉIR
8-13 cm; eireaball 2-4.5 cm *Microtus agrestis*

Dath dorcha donnghlas a bhíonn ar fhionnadh a dhroma seo ach is éadroime dath a thaobhanna. Is giobach an chuma a bhíonn ar an bhfionnadh nuair a iniúchtar go géar é. Is amhlaidh a bhíonn meall sa bhreis ar an taobh istigh den chúlfhiacail uachtarach láir.

Sa lá agus san oíche a bhíonn sé gníomhach. Déanann sé bealaí san fhéar fada agus féar is mó a chaitheann sé mar aon le coirt sa gheimhreadh. Bíogarnach íseal an glór a dhéanann sé. Tagann sé sách gairid don fhéachadóir a bhfuil foighne aige.

Tá sé coitianta ar fud na hEorpa cé is moite den deisceart agus d'Éirinn. Is éagsúil na gnáthóga a thaithíonn sé. Talamh tais agus féar fada is ansa leis. Níl sé chomh coitianta leis an Vól Coiteann in áiteanna a mbíonn ainmhithe ar féarach.

Bíonn fionnadh an **Vóil Choitinn** néata agus is annamh a fhaightear i limistéir fhliucha é. Lasmuigh de sin is deacair iad a aithint thar a chéile gan na fiacla a bhreithniú. Níl an **Vól Fréimhe** le fáil in iarthar na hEorpa ach san Ísiltír amháin. Is faide a eireaball sin i gcóimheas lena cholainn.

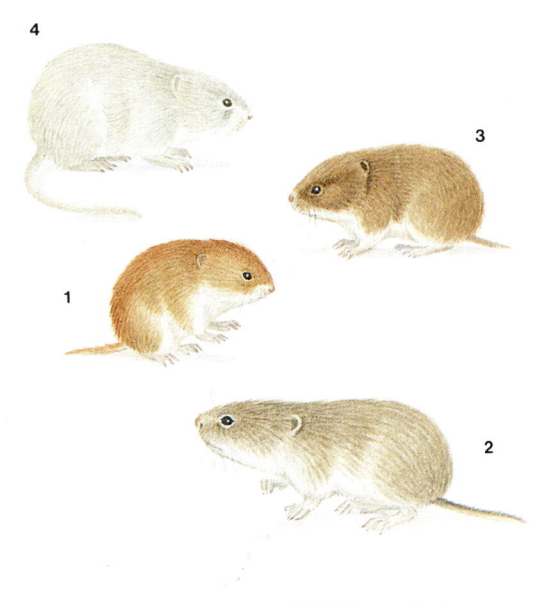

VÓIL EILE

Vól Péine na Meánmhara
(*Pitymys duodecimcostatus*) (**3**). Bíonn a fhionnadh an-tiubh. Dath buídhonn a bhíonn ar uachtar a cholainne agus dath an airgid ar an íochtar. Féarach a thaithíonn sé sa Spáinn agus sa Fhrainc gar do chósta na Meánmhara.

Vól Sneachta (*Microtus nivalis*) (**4**).
Vól cuibheasach mór é seo. Dath donnghlas éadrom a bhíonn ar a fhionnadh. Bíonn a eireaball geal fada. Féasóg shuntasach air. Faightear thall is abhus sna hAlpa, i sléibhte na Spáinne agus in oirdheisceart na hEorpa é. Leargan oscailte cnoc a ghnáthaíonn sé. Is aoibhinn leis é féin a ghrianadh ar charraigeacha. Bíonn sé le fáil freisin i ndeisceart na Fraince ar chnoic ísle chrannacha.

Vól Droimrua an Tuaiscirt
(*Clethrionomys rutilus*) (**1**). Vól leathmhór é seo. Fionnadh donnbhuí éadrom glé ar a dhroim ach é níos tláithe ar a bholg. Eireaball gruagach gearr a bhíonn air agus stoth ar a bharr. Glacann an vól seo áit an Vóil Bhruaigh i dtuaisceart Chríoch Lochlann. Coillte beithe a ghnáthaíonn sé agus fáschoillte sailí.

Vól Fréimhe (*Microtus oeconomus*)
(**2**). Tá an-dealramh aige seo leis an Vól Féir ach gur dorcha a dhath agus gur faide de bheagán a eireaball. In oirthear na hEorpa a bhíonn sé le fáil chomh fada ó thuaidh leis an Iorua. Féarach tais agus seascann a ghnáthaíonn sé.

AN HAMSTAR COITEANN
18-30 cm; eireaball 3-7 cm *Cricetus cricetus*

Is furasta an t-ainmhí a aithint ar a chuid fionnaidh órdhoinn ar a mbíonn preabáin bhána, agus ar a bholg dubh. Tá dealramh aige lena ghaol beag, i.e. an Hamstar Órga a bhfuil gnaoi an phobail air mar pheata.

Ainmhí tochailte é seo a chónaíonn i dtolláin fhada faoin talamh. Is iomaí planda fiáin agus saothraithe a itheann sé agus iompraíonn sé a bhia i málaí pluice. Nuair a thiteann an teocht faoi bhun 10°C san fhómhar, geimhríonn sé faoin talamh. Má chuirtear as dó, tosaíonn sé ag siosarnach is ag bíogarnach.

Ainmhí de chuid fhéarach na Steipeanna é seo. Bíonn sé le fáil i gcorráit chomh fada siar le hoirthear na Fraince.

Níl aon ainmhí eile ann a thógfaí ina amhlachas seo.

AN CAOCHFHRANCACH BEAG
Spalax leucodon   15-24 cm; gan eireabal

Cuireann saintréithe an chreimire seo in oiriúint é dá shaol faoin talamh. Ní bhíonn cluas sheachtrach ná eireaball air agus bíonn a dhá shúil clúdaithe le craiceann. Is cumhachtach na fiacla tosaigh a bhíonn ann agus baineann sé feidhm astu chun tochailte. Is beag má bhíonn muineál infheicthe idir an ceann is an cholainn. Buídhonn a bhíonn a chuid fionnaidh.

Caitheann sé a shaol uile nach mór faoin talamh i dtolláin fhada a thochlaíonn sé lena fhiacla láidre tosaigh. Is san oíche is mó a bhíonn sé gníomhach. Fréamhacha, bleibíní, etc. a itheann sé.

Is ar thalamh féaraigh agus ar thalamh curadóireachta sa Ghréig agus i leithinis na mBalcán i gcoitinne a bhíonn sé le fáil.

Is mó de bheagán an Caochfhrancach Mór a bhíonn le fáil níos faide soir. Cé is moite de sin níl aon ainmhí eile ann atá cosúil leis.

AN LUCH FHÓMHAIR
6-7.5 cm; eireaball 5-7 cm *Micromys minutus*

Is í seo an luch is lú san Eoraip. Ní troime í in aon uair ná 11 g. Cluasa beaga a bhíonn uirthi agus fionnadh donnrua domhain. Bíonn a híochtar geal. Bíonn a heireaball an-fhada agus is féidir leis breith ar rudaí.

Is oilte an dreapadóir atá inti agus baineann sí feidhm as a heireaball inghreama chun rith suas seamaidí féir agus gais arbhair. Déanann sí nead chruinn féir i measc gas féir agus plandaí isteach is amach le leathmhéadar os cionn na talún. Síolta is plandaí glasa is mó a itheann sí. Itheann sí feithidí i gcaitheamh an gheimhridh.

Ar fud lár agus iarthar na hEorpa a bhíonn sí le fáil cé is moite den fhíorthuaisceart agus den fhíordheisceart. Fásra tiubh agus talamh curadóireachta a thaithíonn sí. Bhíodh sí coitianta tráth i ngoirt arbhair.

Dallóga is **Vóil**: is giorra agus is fionnaithí a n-eireaball sin agus bíonn a bhfionnadh síodúil. Bíonn a gcluasa neamhfheiceálach nó ní fheictear ar chor ar bith iad.

AN LUCH BHRÁIDBHUÍ

Apodemus flavicollis — 9-13 cm; eireaball 9-13 cm

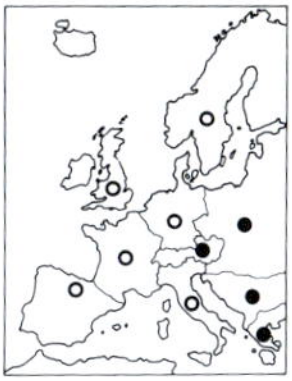

Dath idir donnghlas agus órdhonn a bhíonn ar a droim seo ach is éadroime ná sin a bolg. An preabán buídhonn a bhíonn ar a bráid idir na géaga tosaigh, bíonn sé in easnamh go minic i ndeisceart na hEorpa. Bíonn mórán fáinní ar a heireaball agus iad dlúth dá chéile.

I gcoillte is mó a chónaíonn sí. Ábhar plandúil is mó a chaitheann sí, i.e. síolta, cnónna is péacáin ach itheann sí veirteabraigh bheaga chomh maith. Fágann sí blaoscanna cnó ina diaidh agus poill orthu a mbíonn lorg a cuid fiacla le sonrú ar a n-imeall. Déanann sí talmhóg i gcréafóg bhog.

Ó lár na hEorpa go dtí oirthear na Fraince siar a bhíonn sí le fáil agus in oirdheisceart Shasana. Chomh fada in airde le 2000 m a fhaightear sna hAlpa í.

Is lú agus is leimhe dath í an **Luch Fhéir**. Is lú i bhfad na **Dallóga** agus fada biorach a bhíonn a soc. Ní bhíonn cluasa na **Vól** chomh feiceálach céanna agus is maoile a soc.

AN LUCH FHÉIR

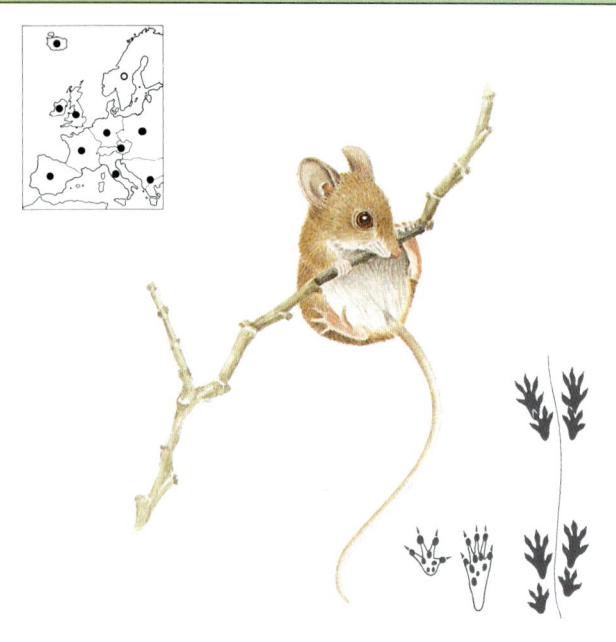

8-10 cm; eireaball 7-9 cm *Apodemus sylvaticus*

Luch bheag í seo a mbíonn cluasa móra uirthi agus súile móra inti. Bíonn an preabán buí in easnamh ar a bráid.

San oíche a bhíonn sí gníomhach. Síolta, cnónna, plandaí is péisteanna talún a itheann sí. Is an-aclaí an t-ainmhí atá inti agus is sárdhreapadóir í freisin. Tochlaíonn sí talmhóg i gcréafóg bhog. Fágann sí blaoscanna folmha cnónna ina diaidh agus poill orthu a mbíonn lorg a cuid fiacla le feiceáil go soiléir ar a n-imeall.

Tá sí coitianta ar fud na hEorpa ach amháin i lár agus i dtuaisceart Chríoch Lochlann. Is iomaí cineál áite a thaithíonn sí. Faightear i ngairdíní go minic í.

Luch Bhráidbhuí; **Luch Tí**; is lú na **Dallóga** agus bíonn a soc fada biorach. Bíonn cluasa na **Vól** neamhfheiceálach agus is maoile a bhíonn a soc.

AN LUCH FHÉIR STRÍOCACH

Apodemus agrarius   7-12 cm; eireaball 6.5-9 cm

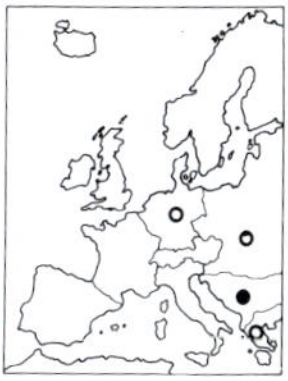

Bíonn stríoc dhubh shuntasach ar feadh a droma go dtí bun a heireabaill. Buí nó donnrua a bhíonn a cuid fionnaidh ar a droim ach bíonn dath a boilg níos tláithe. Is giorra a heireaball ná fad a cinn agus a colainne le chéile.

Sa lá a bhíonn sí gníomhach. Is éagsúil na gnáthóga a thaithíonn sí. Áiteanna taise is ansa léi. Síolta, feithidí, larbhaí, péisteanna, seilidí a chaitheann sí agus veirteabraigh bheaga fiú amháin más marbh a fhaigheann sí iad.

Speiceas de chuid oirthear na hEorpa í seo ach faightear chomh fada siar leis an Danmhairg, tuaisceart na Gearmáine agus tuaisceart na hIodáile í.

Lucha Beithe: san oíche a bhíonn siad thart agus is faide a n-eireaball ná a heireaball seo.

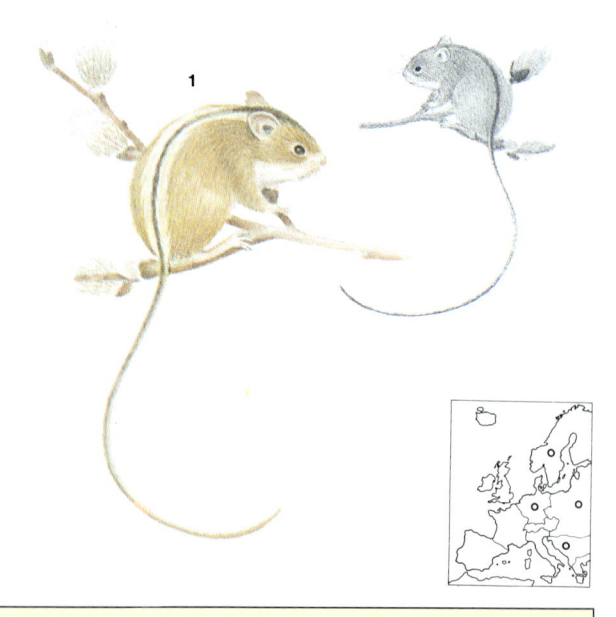

LUCH BHEITHE AN DEISCIRT/AN TUAISCIRT
5.5-7 cm; eireaball 7-8.5 cm *Sicista betulina* (T)

Creimirí beaga iad seo a mbíonn dealramh luiche orthu. Is faide an t-eireaball faoi 1.5 ná fad na colainne. Bíonn stríoc dhubh orthu ón mbaithis go dtí bun an eireabaill. I gcás Luch Bheithe an Deiscirt (*S. subtilis*) is tláithe ná fuilleach an fhionnaidh an fionnadh ar gach aon taobh den stríoc dhorcha.

Tá na hainmhithe seo gann. San oíche a bhíonn siad gníomhach. Feithidí is mó a itheann siad mar aon le síolta is torthaí. An-dreapadóirí iad agus oireann a lapaí don ghreamú is don dreapadóireacht. I gcrainn fholmha nó faoin talamh a dhéanann siad geimhriú.

I gcoillte Beithe sa Danmhairg, i gCríoch Lochlann, san Ostair a fhaightear an ceann tuaisceartach (*S. betulina*) mar is san oirthear atá a réimse. Ó thuaisceart leithinis na mBalcán soir a fhaightear an ceann deisceartach (*S. subtilis*).

Is mó an **Luch Fhéir Stríocach** agus is giorra a heireaball.

AN LUCH TÍ

Mus musculus

7-12 cm; eireaball 5.5-9 cm

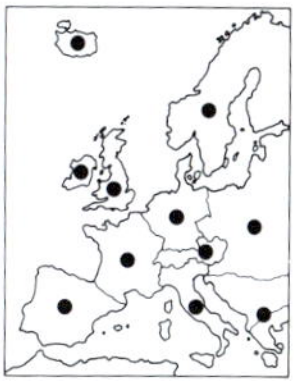

Tá an-éagsúlacht le brath ar dhath agus ar mhéid an ainmhí seo. D'fhéadfadh dath buíghlas a bheith uirthi sa deisceart agus dúghlas dorcha sa tuaisceart. Faightear lucha tí a mbíonn imir ar bith eatarthu sin orthu. Bíonn a heireaball sách tiubh agus bíonn fáinní feiceálacha air. Bíonn eang bheag ar chiumhais chúil na gclárfhiacla tosaigh.

Cibé áit a gcónaíonn an Luch Tí in aice leis an duine is nós léi bia de gach saghas a chaitheamh. Go deimhin is minic gur plá í. Grán, feithidí agus inveirteabraigh bheaga eile a itheann sí nuair is faoin tuath a bhíonn cónaí uirthi. Tithe a thaithíonn sí go minic agus déanann sí neadacha faoi na hurláir, etc.

Ar fud na hEorpa a bhíonn sí le fáil. I dtuaisceart agus in iarthar na Mór-Roinne is in aice leis an duine a chónaíonn sí. I ndeisceart na hEorpa talamh oscailte curadóireachta a ghnáthaíonn sí.

Luch Fhéir ; Luch Bhráidgheal.

AN FRANCACH DUBH
10-24 cm; eireaball 11-26 cm

Rattus rattus

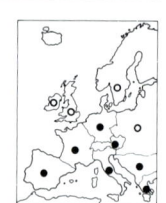

Francach aclaí é seo a mbíonn cluasa móra loma air. Fionnadh slinnliath a bhíonn air ach bíonn a lapaí bándearg lom. Bándearg ar fad a bhíonn an t-eireaball fada gainneach.

Seantithe, tithe stórais agus seanfhoirgnimh a thaithíonn sé sna bailte móra is sna cathracha. Ábhar plandúil a itheann sé, torthaí go háirithe. Níl sé baol ar chomh coitianta leis an bhFrancach Donn.

Is ar na trádbhealaí a tháinig sé isteach san Eoraip agus faightear dá bharr sin i gcalafoirt is bailte móra ar feadh chósta iarthar na hEorpa é. Bíonn sé le fáil freisin amuigh faoin tuath i ndeisceart na Mór-Roinne.

An **Francach Donn**

AN FRANCACH DONN

Rattus norvegicus — 15-28 cm; eireaball 9-23 cm

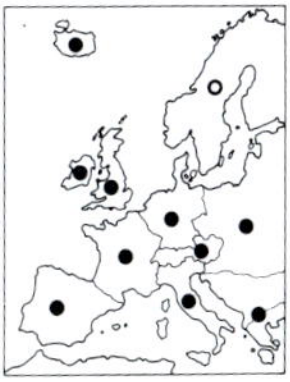

Creimire leathmhór é seo agus fionnadh donn air. Donnghlas a bhíonn a eireaball thuas agus níos gile thíos. Is giorra a eireaball ná a cholainn.

In aice leis an duine a chónaíonn sé seo. Is mór an crá croí é go minic mar tugann sé galair leis. Séaraigh, tithe stórais, sciobóil agus cúlacha spruadair a thaithíonn sé agus an tuath freisin.

Ar fud lár agus iarthar na hEorpa a bhíonn sé le fáil ach amháin timpeall na Meánmhara.

Is aclaí agus is éadrome an **Francach Dubh**; slinnliath a bhíonn a fhionnadh sin agus níl sé chomh coitianta leis seo.

AN MUSCFHRANCACH
24-40 cm; 19-28 cm.

Ondatra zibethicus

Creimire leathmhór é seo. Is ríbhog an fionnadh tiubh donn (muscuais) a bhíonn air. Leata go hingearach a bhíonn a eireaball fada gainneach. Ní scamallach a bhíonn na cosa deiridh. Bíonn na cluasa beag neamhfheiceálach.

Go moch ar maidin a bhíonn sé gníomhach. Snámhóir is tumadóir láidir atá ann. Déanann sé talmhóg i mbruach abhann agus baineann sé feidhm uaireanta as féara is giolcacha chun nead a thógáil ar uisce ciúin. Cruth cruinneachánach a bhíonn ar a nead is d'fhéadfadh sí a bheith méadar ar airde. Ábhar plandúil de gach saghas a itheann sé mar aon le muiríní beaga is diúilicíní, etc.

Is ó Mheiriceá Thuaidh ar son a chuid fionnaidh a tugadh an t-ainmhí isteach san Eoraip. Bíonn sé le fáil anois sa chuid is mó den Fhrainc, sa Ghearmáin agus i lár na hEorpa. Cladaí, lochanna, aibhneacha agus sruthán a thaithíonn sé.

Is mó an **Cadhpú**, trasghearradh cruinn a bhíonn ar a eireaball agus scamallach a bhíonn a lapaí deiridh. Is mó go mór an **Béabhar**, bíonn a eireaball leata agus cruth céasla air.

AN CADHPÚ

Myocastor coypus — 36-65 cm; eireaball 22-45 cm

Creimire mór é seo a bhféadfadh meáchan 8 kg a bheith ann. Ceann mór a bhíonn air agus clárfhiacla flannbhuí. Trasghearradh cruinn a bhaineann lena eireaball fada gainneach agus é clúdaithe le fionnadh scáinte. Bíonn na cosa deiridh scamallach. Fofhionnadh (núitria) mín donn a bhíonn air agus forfhionnadh anuas air sin is gairbhe faide.

I dtolláin ar bhruacha lochanna, aibhneacha támáilte agus sruthán a chónaíonn agus a phóraíonn sé. An-snámhóir is an-tumadóir atá ann agus caitheann sé cuid mhaith dá shaol san uisce, áit a n-itheann sé plandaí uisce.

Ó Mheiriceá Theas ar son a chuid fionnaidh a tugadh an t-ainmhí seo isteach san Eoraip. Ní mhaireann sé tríd an ngeimhreadh más róchrua a bhíonn an aimsir. Tá sé buanaithe le fada an lá thall is abhus in oirdheisceart Shasana, i gceantair áirithe sa Fhrainc agus i gcorráit eile.

Is lú an **Muscfhrancach** agus bíonn a eireaball leata go hingearach. Is mó go mór an **Béabhar** agus bíonn a eireaball leata leathan.

AN BÉABHAR EORPACH

70-100 cm; eireaball 30-40 cm

Castor fiber

Creimire an-mhór é seo agus d'fhéadfadh meáchan 35 kg a bheith ann. Fionnadh tiubh donn a bhíonn air a cheileann na cluasa ar fad nach mór. Ní bhíonn a mhacasamhail d'eireaball gainneach dubh i bhfoirm céasla ar aon chreimire eile. Scamallach a bhíonn na cosa deiridh. Clárfhiacla feiceálacha flannbhuí a bhíonn ann agus súile beaga.

San oíche is mó a bhíonn sé gníomhach. Leagann sé crainn lena chuid fiacla géara agus déanann sé dambaí leo. Tógann sé lóistí agus tithe 2 mhéadar ar airde uaireanta as cearchaillí, craobhacha agus láib agus is ann a mhaireann an Béabhar sa gheimhridh ar ar chuir sé i dtaisce san fhómhar.

Le hais lochanna agus aibhneacha támáilte a fhaightear é i bhforaoisí duillsilteacha nó measctha araon. Tagtar orthu i gcorráit in iarthar agus i lár na hEorpa agus i gCríoch Lochlann. Is dúchasach an Béabhar i ndeilt Abhainn na Róine.

Is mó go mór é ná an **Cadhpú** agus an **Muscfhrancach**. Ina theannta sin is é an Béabhar an t-aon chreimire san Eoraip a leagann crainn. Is suntasach freisin cruth na stoc a fhágtar nuair a leagann an Béabhar crainn.

AN TORCÁN CRAOBHACH

Hystrix cristata   **50-70 cm; eireaball 5-12 cm**

Creimire mór spadánta é seo a bhféadfadh meáchan 17 kg a bheith ann. Bíonn spící dubha is bána ar a dhroim is ar a eireaball, cuid acu gearr agus an chuid eile fada. Ribí righne fionnaidh a bhíonn ar a bhaithis agus ar chúl a mhuiníl agus ardaíonn sé ina gcírín iad nuair a scanraíonn sé.

San oíche a bhíonn sé gníomhach. I dtalmhóga doimhne agus in uaimheanna a chuireann sé faoi. Nuair a bhíonn contúirt ag bagairt air, déanann sé gliogarnach lena spící. Plandaí glasa, torthaí, fréamhacha agus coirt a chaitheann sé. Coinníonn sé a chuid bia idir na lapaí tosaigh.

I ndeisceart agus in iarthar na hIodáile agus sa tSicil a bhíonn sé le fáil ar scrobarnach thirim agus ar thalamh curadóireachta. B'fhéidir gur ón Afraic a tugadh isteach san Iodáil in aimsir na Rómhánach é.

Ní thógfaí aon ainmhí eile ina amhlachas seo.

AN GIORRIA GALLDA
55-70 cm; eireaball 7-12 cm

Lepus europaeus

Is mó é seo ná coinín. Bíonn a chosa deiridh fada láidir agus bíonn barr dubh ar na cluasa fada. Donnbhuí a bhíonn a chuid fionnaidh agus fanann an dath sin air ó cheann ceann na bliana. Dubh a bhíonn an t-eireaball thuas agus geal thíos.

San oíche is mó a bhíonn sé gníomhach agus caitheann sé an lá i gcuas san fhéar. Féar de gach saghas a itheann sé, fréamhacha, bachlóga is coirt. Is díol suntais an siúl léimneach agus is minic a bhíonn an giorria an-ghníomhach go deo san earrach.

Féarach oscailte, talamh curadóireachta agus scrobarnach dhosach na gnáthóga is ansa leis. Cé gur ar fud na hEorpa atá sé le fáil, tá sé ar iarraidh sna háiteanna seo: Éire, an leithinis Ibéarach agus formhór Chríoch Lochlann.

Is lú Giorria na Rinne (*L. capensis*) (Ibéar.) agus donnrua a bhíonn fionnadh an bhrollaigh is na dtaobhanna. Is lú an **Giorria Sléibhe** agus geal a bhíonn a eireaball uile. Is lú an **Coinín** agus is giorra a chosa; ní dubh a bhíonn barr a chluasa ach a oiread.

AN GIORRIA SLÉIBHE

46-60 cm; eireaball 4-9 cm *Lepus timidus*

Donnghlas a bhíonn a fhionnadh sa samhradh agus geal a bhíonn a bholg. Sa gheimhreadh is amhlaidh a bhíonn an fionnadh geal (sa tuaisceart) nó glas, cé go bhfanann an dath dubh ar bharr na gcluas. In Éirinn, donn a bhíonn a fhionnadh ó cheann ceann na bliana.

Is minic a sceitheann lorg sa sneachta air sa gheimhreadh. Murab ionann agus an Giorria Gallda is nós leis tolláin ghearra a dhéanamh uaireanta. Cruinníonn a lán ainmhithe díobh le chéile ó am go ham. Craoibhíní óga, coirt, fraoch, toir fhraocháin, etc. a itheann sé.

I gcoillearnach dhuillsilteach oscailte agus ar mhóinteáin arda a chónaíonn sé. Tá sé le fáil in Éirinn, in Albain agus ó Chríoch Lochlann soir. Ní fhaightear níos faide ó dheas é ach amháin sna hAlpa.

Is mó an **Giorria Gallda** agus dubh a bhíonn uachtar a eireabaill. Ní thagtar ar an g**Coinín** ná ar an nGiorria Sléibhe san aon limistéar amháin go hiondúil. Áit a mbíonn an Giorria Gallda agus an Giorria Sléibhe le fáil san aon cheantar amhain is féidir leo crosphórú.

AN COINÍN
35-50 cm; eireaball 4-8 cm

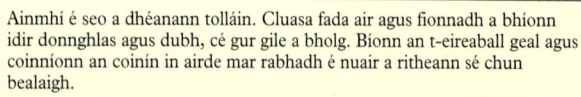

Oryctolagus cuniculus

Ainmhí é seo a dhéanann tolláin. Cluasa fada air agus fionnadh a bhíonn idir donnghlas agus dubh, cé gur gile a bholg. Bíonn an t-eireaball geal agus coinníonn an coinín in airde mar rabhadh é nuair a ritheann sé chun bealaigh.

San oíche is mó a bhíonn sé thart ach feictear go minic é ag deireadh lae agus go moch ar maidin. Maireann ollslua díobh le chéile i gcoinicéir mhóra in ithir ghainmheach nó i ndúrabhán. Ábhar plandúil de gach saghas a itheann sé agus déanann sé an-damáiste do bharra is do phlandálacha.

Coitianta ar thalamh curadóireachta, ar dhumhcha, ar imill choillte, etc. ach amháin nuair a bhíonn sé á chloí ag an miocsómatóis. Ar fud na hEorpa (cé is moite de dheisceart na hIodáile agus den tSairdín) a fhaightear é soir go dtí an Pholainn.

Is faide na cosa agus na cluasa a bhíonn ar an n**Giorria Gallda** agus ar an n**Giorria Sléibhe** agus dubh a bhíonn barr na gcluas freisin.

92

AN FIA ODHAR
Capreolus capreolus

95-135 cm; eireaball 2-3 cm

♂

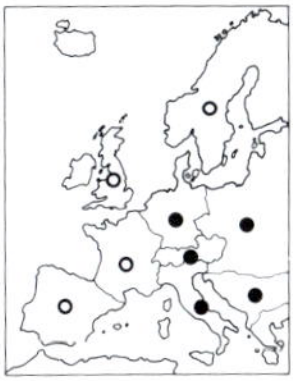

Fia beag an Fia Odhar nach airde ná 75 cm é ag an ngualainn. Bíonn a eireaball ceilte sa tóin gheal. Donnghlas nó donnrua a bhíonn a cholainn uile ach go mbíonn preabáin gheala ar a bhráid ag an gcarria. Beanna beaga ar bhun cnapánach a bhíonn ar an gcarria. Ní bhíonn thar thrí bheangán orthu. Is bánbhreac a bhíonn na hoisíní.

De ló agus d'oíche a bhíonn sé gníomhach ach is sa chlapsholas ag deireadh lae agus roimh bhreacadh an lae is mó a bhíonn sé ar iníor. Cruinníonn sé ina thréada móra sa gheimhreadh. Féar agus fásra is mó a chaitheann sé. Is i Mí Lúnasa a thagann rachmall ar na fianna agus bíonn na carrianna ag iomaíocht faoi na heilití ansin. Tafann gearr a chuireann an fia as arís agus arís nuair a scanraíonn sé.

Ar fud na hEorpa a bhíonn sé le fáil agus bíonn sé flúirseach anseo is ansiúd. Foraoisí a ghnáthóg bhunúsach ach is féidir leis dul i dtaithí ar ghnáthóga eile. Is ag méadú de réir a chéile ar thalamh curadóireachta atá líon na bhfianna seo.

Is mó an **Fia Seapánach** agus an **Fia Buí** agus breac a bhíonn a bhfionnadh; ní bhíonn beann ar bith ar an **Dobharfhia Síneach** ná ar an bh**Fia Maol**. Is troime a gcolainn sin freisin in ainneoin gur lú go mór iad go minic. I réimsí an-teoranta a bhíonn siad le fáil.

AN FIA BUÍ
1.3-1.6 m; eireaball 16-19 cm

Cervus dama

♀ ♂

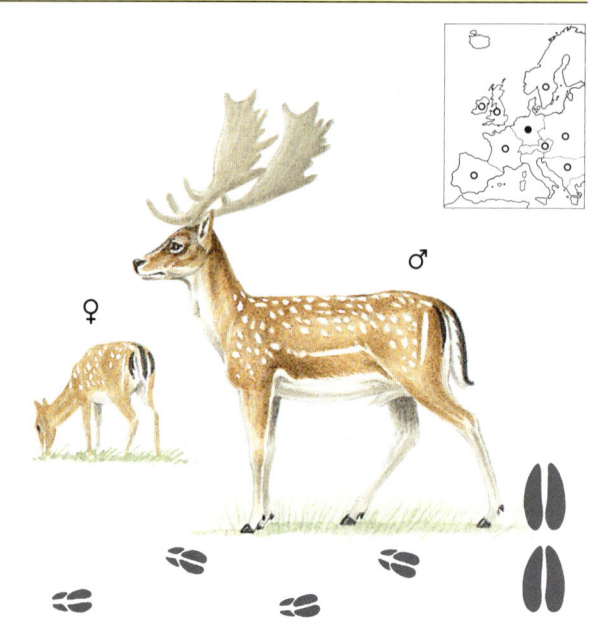

Fia leathmhór é seo arb é 1.1 m ag an ngualainn an airde is mó a bhíonn ann. Meándonn go dúdhonn dath a fhionnaidh agus le linn an tsamhraidh is bánbhreac a bhíonn sé. Is leimhe dath an fhionnaidh sa gheimhreadh. Preabán geal agus imeall dubh air a fheicfear ar an tóin is bíonn stríoc dhubh ar feadh an eireabaill. Beanna a mbíonn lanna leata orthu a bhíonn ar na carrianna.

Ina thréada a mhaireann sé. Sa lá agus san oíche a bhíonn sé gníomhach. Féar is mó a chaitheann sé ach itheann sé duilleoga agus bachlóga buinneán chomh maith. Coinnítear i bpáirceanna poiblí go minic é. Bíonn na carrianna ag iomaíocht lena chéile go déanach san fhómhar chun scata d'eiliti cúplála a chruinniú chucu féin.

Coillearnach dhuillsilteach agus mheasctha a thaithíonn sé go háirithe má bhíonn áiteanna oscailte inti. Bíonn sé le fáil thall is abhus ar fud na hEorpa. Tá sé sách coitianta in oirdheisceart Shasana agus i lár na hEorpa.

Is mó an **Fia Rua** agus ní bhíonn sé ballach. Is lú an **Fia Seapánach** agus ní leata a bhíonn a bheanna.

AN FIA RUA

Cervus elaphus

1.65-2.6 m; eireaball 12-15 cm

Is mór an fia é seo agus d'fhéadfadh airde 1.5 m a bheith ann ag an ngualainn. Dath éigin idir donnrua agus donnghlas a bhíonn ar a fhionnadh. Bíonn beanna ilchraobhacha ar na carrianna agus moing fhada fionnaidh ar a muineál. Glasbhuí nó buí an preabán a bhíonn ar an tóin ach gan imeall dubh. Ní bhíonn stríoc dhubh ar an eireaball ach a oiread. Bánbhreac a bhíonn na hoisíní.

Nuair is i gcoillte a bhíonn sé ag cur faoi is san oíche a bhíonn sé ar iníor. Ar thalamh oscailte, áfach, feictear tréada móra i rith an lae. I Mí Mheán Fómhair a bhíonn siad faoi rachmall agus is minic a chloistear damhaireacht na gcarrianna ag an am sin. Saothraítear an fia rua ar son na feola agus is ag méadú atá tionscal na hoiseola.

Is iomaí cineál gnáthóige a thaithíonn an Fia Rua, coillte duillsilteacha, cuir i gcás agus móinteáin. Bíonn sé le fáil ar fud lár na hEorpa agus i roinnt mhaith ceantar in iarthar na Mór-Roinne, in Albain agus i ndeisceart Chríoch

Fia Buí; Fia Seapánach

AN RÉINFHIA
1.3-2.2 m; eireaball 10-15 cm

Rangifer tarandus

♂

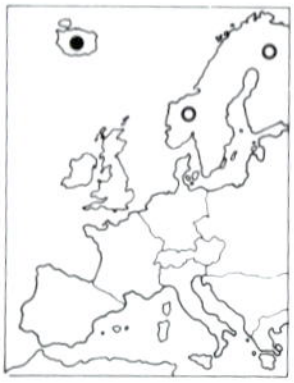

Fia mór é seo a bhféadfadh airde 1.2 m a bheith ann ag an ngualainn. Beanna craobhacha a bhíonn ar na carrianna agus ar na heilití araon. Bíonn dath an fhionnaidh luaineach – ó dhonnghlas dorcha go bán. Bíonn preabán geal ar an tóin is moing ghearr faoin muineál is tláithe ná fuílleach an fhionnaidh. Bíonn a chrúba leathan.

Ina thréada a bhíonn sé. Léicean, caonach, féar agus péacáin is mó a itheann sé. Is ainmhí ceansa san fhíorthuaisceart é agus tábhacht eacnamaíoch leis. Tá na réinfhianna atá fiáin amach is amach fíorghann san Eoraip anois. Sárshnámhóir agus reathaí tapa atá ann.

Is iad foraoisí buaircíneacha agus tundra an tuaiscirt a ghnáthóg nádúrtha. Faightear réinfhianna fiáine san Íoslainn, in iardheisceart na hIorua agus thall is abhus san Fhionlainn agus soir uaidh sin.

Eilc; **Fia Rua**.

AN EILC nó AN CEARBH nó AN FIA MÓR

Alces alces   2.5-2.7 m; eireaball 4-5 cm

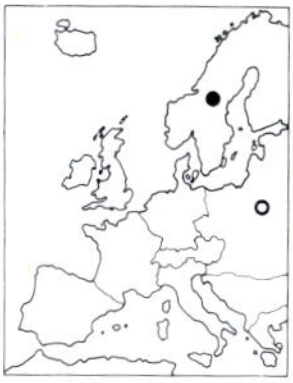

Seo é an fia is mó dá bhfuil san Eoraip. Airde 2.2 m ag an ngualainn a shroicheann sé uaireanta. D'fhéadfadh meáchan 800 kg a bheith sa charria. Bíonn beanna leathana leata ar na carrianna. Dúdhonn an dath a bhíonn ar an bhfionnadh agus bíonn meigeall mór fionnaidh faoi smig an charria. Bíonn na polláirí leathan feiceálach.

Ina aonar nó ina ghrúpaí beaga a bhíonn an t-ainmhí seo. Craoibhíní is péacáin bhuinneán a itheann sé mar aon le scrobarnach agus plandaí uisce. Is nós le hEilceanna an tuaiscirt imirce a dhéanamh ina mílte san fhómhar ón talamh ard síos go dtí na coillte chun bheith in aice le bia ar feadh an gheimhridh.

Ó Chríoch Lochlann soir tríd an *taiga* a bhíonn an Eilc le fáil. Tá sí ag leathnú amach siar agus ó dheas agus faightear i bhforaoisí oirthear na hEorpa agus na hOstaire anois í.

Réinfhia

FIANNA EILE

Fia Seapánach (*Cervus nippon*) (**1**). Fia leathmhór é seo a tugadh isteach san Eoraip ó oirthear na hÁise. Breac a bhíonn sé sa samhradh, gan spotaí sa gheimhreadh agus is domhaine a bhíonn dath a fhionnaidh sa gheimhreadh freisin. Moing thiubh fionnaidh a bhíonn ar na carrianna agus beanna craobhacha. Bíonn preabán geal tóna ar an ainmhí agus imeall dubh ina thimpeall. Bíonn stríoc dhubh ar an eireaball gearr. Bíonn sé le fáil fiáin anseo is ansiúd sa Bhreatain, sa Fhrainc agus i lár na hEorpa. Is minic a bhíonn tréada á gcoinneáil i bpáirceanna poiblí, etc.

Fia Síneach (*Muntiacus reevesi*) (**2**). Fia beag bídeach é seo arbh ón tSín a tháinig sé. Is ar éigean is mó ná sionnach é. Beanna simplí a bhíonn ar an gcarria agus péire starrfhiacla tanaí sa ghiall uachtarach. Tugadh isteach go Sasana é áit ar buanaíodh na fianna fiáine i gcoillte sa deisceart.

Dobharfhia Síneach (*Hydropotes inermis*) (**3**). Is fia beag liathdhonn é seo arbh ón tSín a tháinig sé. Is lú é ná an Fia Odhar ach is mó ná an Fia Síneach é. Ní bhíonn beanna ar an eilit ná ar an gcarria. Starrfhiacla fada a bhíonn sofheicthe tamall maith uaidh a bhíonn sa charria ina ghiall uachtarach. Ar fhéarach agus i gcoillte oscailte in oirdheisceart Shasana a fhaightear é.

AN SEAMAÍ

Rupicapra rupicapra

1.1-1.3 m; eireaball 7-8 cm

Is gaol fiáin de chuid na gcaorach agus na ngabhar an t-ainmhí seo. 80 cm ag an ngualainn a bhíonn an ceann lánfhásta. Adharca gearra marthanacha arna lúbadh siar ag an mbarr a bhíonn ar an bpocán agus ar an minseach araon. Bíonn stríoc leathan dhubh ar gach aon taobh den aghaidh. Donn a bhíonn an fionnadh sa samhradh a athraíonn go dubh sa gheimhreadh. Dubh a bhíonn na cosa i rith na bliana.

Sa lá a bhíonn sé ar iníor i móinéir shléibhte timpeall nó os cionn líne na crannteorann nó ar learga géara clochacha. Is aclaí an dreapadóir é. Ina dtréad mór a bhíonn na minseacha lena meannáin. Ina n-aonar a bhíonn na pocáin. Fead ghéar an glór rabhaidh a dhéanann sé. Bíonn sé ag meigeallach ar nós gabhair freisin.

I sléibhte arda a thagtar air, sna hAlpa go háirithe, ach faightear sna Piréiní freisin é agus i Sléibhte Cairp. Tugadh isteach in áiteanna eile é, Sléibhte Vosges, cuir i gcás.

An t**I**beach

AN tIBEACH
1.3-1.5 m; eireaball 12-15 cm

Capra ibex

Gabhar toirtiúil trom é seo a mbíonn airde 85 cm ag an ngualainn ann. Adharca móra a bhíonn ar an bpocán a lúbann siar agus a mbíonn iomairí suntasacha orthu ar an dromchla leata tosaigh. Is lú adharca na minsí. Donnghlas a bhíonn an fionnadh cé gur éadroime dath an bhoilg. Fionnadh aondathach a bhíonn ar an aghaidh.

Bíonn na hainmhithe seo aclaí cosdaingean ar thalamh géar clochach. Ina dtréada beaga a bhíonn na minseacha lena meannáin. Is nós leis na pocáin a bheith ina n-aonar. Féar, toir bheaga, léicin, etc. a itheann an tIbeach. Tá gaol gairid aige leis an bhfiaghabhair agus is féidir leis an dá speiceas crosphórú.

I sléibhte arda a chuireann sé faoi níos faide suas ná an Seamaí go hiondúil. Sna hAlpa, i Sléibhte Tatra na Slóvaice agus i sléibhte na Spáinne a bhíonn sé le fáil.

Seamaí. Is éadroime an Fiaghabhar agus fionnadh breac a bhíonn air; cruth bíse a bhíonn ar a adharca go minic. Sa Chréit agus in oileáin eile de chuid na Gréige faightear fiaghabhair a bhfuil an-dealramh acu leis an Ibeach.

AN FHIA-CHAORA EORPACH

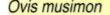

Ovis musimon
1.1-1.3 m; eireaball 5-10 cm

♂

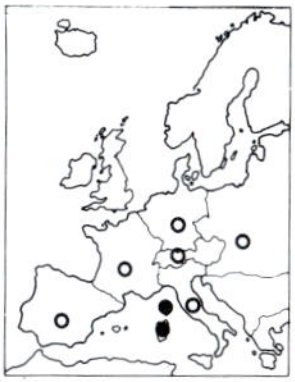

Gaol de chuid na caorach ceansa atá san Fhia-chaora Eorpach. D'fhéadfadh airde 75 cm a bheith ann ag an ngualainn. Adharca móra i bhfoirm ciorcail a bhíonn ar an reithe. Bíonn ribí an fhionnaidh gearr agus dhá dhath a bhíonn ar an reithe. Bíonn moing thiubh ar mhuineál an reithe freisinn. Is lú an chaora; bíonn na hadharca in easnamh uirthi agus bíonn a cuid fionnaidh donn. Bíonn preabán bán ar an tóin acu uile.

Ina dtréada a bhíonn na caoirigh is na huain; déanann na reithí tréad dá gcuid féin ar feadh fhormhór na bliana. Is san oíche is mó a bhíonn siad ar iníor agus ligeann siad a scíth sa lá. Féar agus cíb a chaitheann siad.

Is dúchasach an Fia-chaora Eorpach sa Chorsaic agus sa tSairdín, áit a dtaithíonn sí coillte ar learga arda na gcnoc gar don chrannteorainn. Tugadh isteach i gcoillte í i gceantair áirithe sa Fhrainc, sa Ghearmáin, san Ostair agus i dtuaisceart na hIodáile.

Ní thógfaí ainmhí ar bith eile ina amhlachas seo.

101

AN BÍOSÚN EORPACH
2.5-3 m; eireaball 50-60 cm   *Bison bonasus*

Is ainmhí dúdhonn é seo atá cosúil ó thaobh méide de leis an mbó fheirme. 1.95 m a airde ar a mhéad ón talamh go dtí an ghualainn ach is troime a fhionnadh ná fionnadh na bó feirme agus is gairbhe é freisin. Bíonn moing thiubh d'fhionnadh fada ar mhuineál is guaillí na dtarbh lánfhásta. Bíonn adharca ar an tarbh is ar an mbó araon.

Ina thréada beaga a bhíonn sé i bhforaoisí duillsilteacha. Faoi fhichidí an 20ú haois ba dhíofa an speiceas ar fad é an Bíosún Eorpach ach athbhunaíodh ar an bhfiántas é le stoc a bhí ar caomhnú i bpáirceanna poiblí agus i zúnna.

Rinneadh tréada beaga in oirthear na hEorpa den stoc a cuireadh amach ar an bhfiántas, go háirithe i bhForaois Bialowieza sa Pholainn, an ceantar is déanaí a raibh tréad fiáin ann.

Ní thógfaí ainmhí ar bith eile ina amhlachas seo.

AN TORC ALLTA

Sus scrofa — 1.1-1.85 m; eireaball 15-20 cm

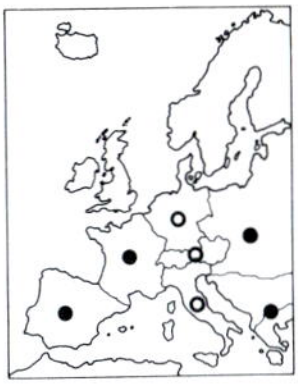

♂

Ainmhí corpthrom é seo a mbíonn ceann mór air agus cosa gearra faoi. Garbh dúdhonn a bhíonn an fionnadh agus bíonn círín ribeach ar an muineál is na guaillí. Bíonn starrfhiacla gearra cuara i gcúinne bhéal an chollaigh. Bíonn na bainbh bándonn agus stríoca geala orthu ar feadh fhad a gcolainne.

San oíche is mó a bhíonn sé gníomhach mar codlaíonn sé in áit fholaithe i gcaitheamh an lae. Is ilchineálach a bhia, i.e. dearcáin, meas fáibhile, fréamhacha, péisteanna talún agus splíonach. Gnúsachtach gharbhghlórach ghéar an glór rabhaidh a dhéanann sé.

Ar fud lár agus dheisceart na hEorpa a bhíonn sé le fáil i gcoillte agus ar thalamh curadóireachta má bhíonn foscadh maith ann. Ní fhaightear a thuilleadh é in áit ar bith a mbíonn dianfheirmeoireacht á cleachtadh.

Ní thógfaí ainmhí ar bith ina amhlachas seo. Tá seanphórtha den mhuc chlóis ann a bhfuil dealramh acu leis an Torc Allta ó thaobh datha de. Is giorra a gcuid fionnaidh, áfach, agus is mó an dealramh a bhíonn acu leis an ngnáthmhuc.

AN tÁPA BARBARACH
60-70 cm; gan eireaball

Macaca sylvanus

In ainneoin a ainm agus bíodh nach mbíonn eireaball air seo, ní ápa atá ann ach moncaí. Tá gaol gairid aige leis an mBandar nó *Rhesus* (*Macaca mulatta*). Is tipiciúil an príomhach é lena ghéaga fada, agus a chroibh is a chosa inghreama, a aghaidh leata, a shúile tulsuite agus a chluasa beaga.

Cé gurb é an talamh a ghnáthaíonn sé, is aclaí an dreapadóir é ar learga clochacha. Ábhar plandúil de gach saghas a itheann sé chomh maith le feithidí agus ainmhithe beaga eile. Ina ghrúpa beag faoi cheannas fireannaigh chumhachtaigh a bhíonn na moncaithe seo. Bíonn a ghradam féin ag gach ball den ghrúpa.

Learga tirime is carraigeacha screabacha an ghnáthóg is rogha leis. Níl sé le fáil san Eoraip ach amháin ar Charraig Ghiobráltar, áit a bhfuil líon beag (30-40 moncaí) leathcheansa á gcaomhnú. Is i dtuaisceart na hAfraice is mó atá an t-ainmhí fiáin le fáil.

Ní thógfaí aon ainmhí eile ina amhlachas seo.

AN RÓN BEAG

Phoca vitulina

1.5 m

Colainn shruthlíneach a bhíonn aige seo agus is isteach a chasann na mútóga deiridh. Dath glas nó donn a bhíonn ar a chuid fionnaidh ach é breactha le spotaí dorcha ar an droim. Bánbhuí agus breactha le spotaí dorcha a bhíonn an bolg. Murab ionann agus an Rón Glas is suntasach an bhaithis a bhíonn air seo. Gearr a bhíonn a shoc.

Ina choilíneachtaí a bhíonn sé de ghnáth ar oitreacha gainimh i gcuanta foscúla nó in inbhir. Fanann sé ar an tanalacht. Éisc éagsúla a chaitheann sé. Donnghlas a bhíonn na laonna agus bíonn snámh acu agus gan iad ach cúpla lá ar an saol.

Ar feadh chósta na n-oileán seo a fhaightear é, ar chósta thuaisceart na Spáinne agus iarthar na Fraince.

Rón Glas; Rón Garbh

AN RÓN GLAS
2.5 m *Halichoerus grypus*

Rón mór dúghlas é seo a mbíonn soc fada air agus leathaghaidh dhíreach air (murab ionann agus an Rón Beag). Breac a bhíonn a chuid fionnaidh agus sceada dorcha geala ann. Is mó an tarbh ná an bhainirseach agus bíonn meilleoga saille ar a mhuineál is a ghuaillí. Bán a bhíonn na laonna.

Ar chladaí clochacha a bhíonn sé le fáil. I gcoilíneachtaí plódaithe a phóraíonn sé ar chladaí leibhéalta nó ar oileáin bheaga. Is fada a thaistealaíonn sé. Éisc a chaitheann sé den chuid is mó. Is torannach an t-ainmhí é a bhíonn ag gnúsachtach agus ag uallfairt ('ag cantaireacht').

Tá coilíneachtaí póraithe le fáil sna háiteanna seo: an Bhriotáin, an Bhreatain Mhór, Éire, na Scigirí, an Íoslainn, tuaisceart na hIorua agus Muir Bhailt. Tagtar ar rónta aonair ar na cóstaí ó thuaisceart na Spáinne go Muir Bhailt.

An **Rón Beag**.

AN MANACH MARA

Monachus monachus

3 m

Rón mór donn é seo agus preabán mírialta ar a bholg. Dubh a bhíonn na laonna go ceann cúpla seachtain.

Ar thránna iargúlta gainimh a fhaightear na coilíneachtaí póraithe, in uaimheanna nó faoi aillte.

Sa Mheánmhuir a bhíonn sé le fáil. Tá an t-ainmhí seo an-ghann anois toisc a ionaid phóraithe a bheith á bhfoirgniú agus de bharr truailliú agus seilg.

Ní thógfaí é seo in amhlachas ainmhí ar bith eile.

AN RÓN FÁINNEACH
1.5 m

Phoca hispida

Tá an-dealramh ag an rón seo leis an Rón Beag ach gur imlínithe le dath éadrom a bhíonn na sceada ar an droim. Bánbhuí a bhíonn fionnadh na laonna go ceann cúpla seachtain.

In uiscí cladaigh a chónaíonn sé nó gar don oighear sa Mhuir Artach agus i dtuaisceart Mhuir Bhailt. Bíonn poill anála aige tríd an leac oighir le linn an gheimhridh. Ar an leac oighir gar don talamh a phóraíonn sé san earrach.

Ar chósta na hÍoslainne agus na hIorua sa gheimhreadh a bhíonn sé le fáil agus i dtuaisceart Mhuir Bhailt.

An **Rón Beag**

AN DEILF CHOITEANN

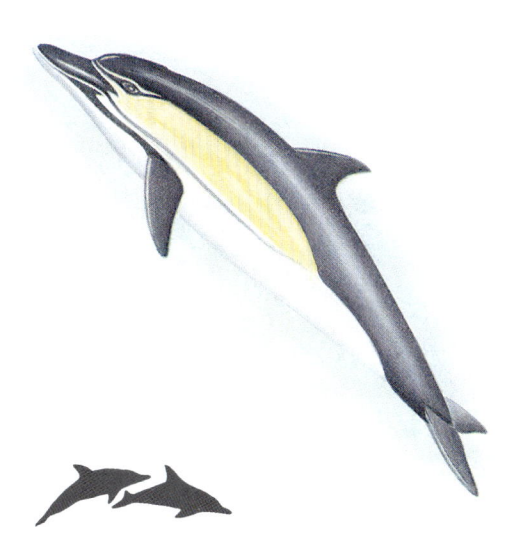

Delphinus delphis
3 m ar a mhéad

Ainmhí sleamhain sruthlíneach é seo; dúghlas a bhíonn a droim agus tláithghlas a bolg. Gréasán buí agus glas a bhíonn ar a taobhanna. Bíonn 'spéaclaí' dorcha os cionn na súl. Bíonn 'gob' uirthi a bhíonn timpeall 15 cm ar fad.

Cruinníonn na deilfeanna seo le chéile ina mbáirí móra agus feictear ag iomlasc agus ag léimneach iad agus ag tumadh in éineacht go minic. Bíonn siad ag rancás i gcúlsruth long scaití. Bíonn fiacla sna deilfeanna agus beireann siad ar scadáin, sairdíní, scuideanna, etc.

Is í an Mheánmhuir agus na limistéir is teo den Aigéan Atlantach is fearr leo ach tagann siad chomh fada aneas le Muir nIocht go minic agus níos faide uaireanta.

An **Deilf Shrónmhar**; an **Deilf Gharbhfhiaclach**; an **Mhuc Mhara**; an **Deilf Ghobgheal**.

AN DEILF SHRÓNMHAR
4 ar a mhéad *Tursiops truncatus*

Liathghlas go meánghlas an dath a bhíonn ar cholainn uile na deilfe seo go hiondúil cé gur tláithe dath an bhoilg. Deilf mhór í agus gob gearr uirthi, eite ard droma agus eitre idir gob agus clár an éadain.

Ina ngrúpaí beaga (10-20 deilf) a fheictear na hainmhithe seo go hiondúil. Sonraítear iad seal ag snámh agus ag iomlasc agus gan ach an eite droma le feiceáil, seal eile ag léimneach amach as an uisce. Is iomaí cineál éisc a chaitheann siad. Seo é an cineál deilfe a bhíonn ag cleasaíocht i ndeilflanna.

Gar don chósta ón Muir Dhubh agus ón Meánmhuir a bhíonn sí le fáil ó thuaidh chomh fada leis an Muir Thuaidh.

An Deilf Choiteann; an Mhuc Mhara; an Deilf Gharbhfhiaclach; an Deilf Ghobgheal.

AN DEILF GHARBHFHIACLACH
Steno bredanensis
2 m

Deilf bheag is ea í seo a bhíonn dubh thuas agus bán thíos. Is éadroime na spotaí mírialta ar a taobhanna. Is suntasach an gob fada a ritheann go sleamhain isteach sa chlár éadain.

Is cuideachtúil an t-ainmhí é seo agus déanann sé báirí uaireanta a mbíonn 50 ball iontu. Téann siad ag spraoi i gcúlsruth long uaireanta.

Laistigh de na trópaicí san Aigéan Atlantach a bhíonn siad le fáil ach tagann siad chomh fada aneas leis an Méanmhuir. Is fíorannamh a fhaightear iad níos faide ó thuaidh ná sin.

An **Deilf Choiteann**; an **Deilf Shrónmhar**; an **Mhuc Mhara**.

AN DEILF GHOBGHEAL

3 m *Lagenorhynchus albirostris*

Deilf mhór í seo a bhíonn dubh thuas agus bán thíos. Gob geal a bhíonn uirthi agus gréasán casta de líocha éadroma ar a taobhanna. Bíonn a heite droma mór géar.

Is an-tréadúil na hainmhithe iad seo agus cruinníonn siad le chéile ina mbáirí a mbíonn os cionn míle ball orthu uaireanta. Imíonn siad chun pórú a dhéanamh san earrach ó uiscí an Mhoil go dtí limistéir is boige aeráid. Ina ngrúpaí beaga a bhíonn siad ag an am sin. Éisc a chaitheann sí, scadáin agus troisc san áireamh.

San Atlantach Thuaidh agus sa Mhuir Thuaidh a fhaightear í. Tagann sí chomh fada aduaidh le cósta na Portaingéile uaireanta.

An **Deilf Choiteann**; an **Deilf Shrónmhar**; an **Mhuc Mhara**.

AN MHUC MHARA nó AN TÓITHÍN

Phocoena phocoena
1.8 m ar a mhéad

Ainmhí beag é seo i gcomórtas leis an Deilf agus bíonn sí beagán staiceáilte. Beag maol a bhíonn a heite droma. Dubh a bhíonn a huachtar agus bán a bhíonn a híochtar.

I gcuanta agus in inbhir is mó a fheictear í ina grúpaí beaga. Is moille a shnámhann sí ná an Deilf agus ní léimeann sí amach as an uisce. Éisc, crústaigh agus cudail a chaitheann sí.

Gar don chósta ó thuaisceart na hEorpa aduaidh go dtí an Mheánmhuir agus an Mhuir Dhubh a bhíonn sí le fáil. Tá sí gann sa Mheánmhuir agus fágann truailliú na farraige sa Mhuir Thuaidh agus timpeall na Breataine i gcoitinne gur ag laghdú atá líon na Muc Mara ann.

Bíonn goba ar na **Deilfeanna**.

AN CHRÁIN DHUBH nó AN GRAMPAR
9 m ar a mhéad (fireannach) — *Orcinus orca*

Bíonn fiacla ag an mbleidhmhíol seo agus eite mhór thriantánach droma (2 m ar fad uaireanta ar fhireannaigh fhásta). Is cuid suntais an gréasán dubh is bán ar íochtar na colainne. Tagann na preabáin bhána aníos ar na taobhanna agus siar laistiar de na mútóga. Bíonn paiste geal os cionn na súl.

Is fánaí an t-ainmhí seo a bhíonn ina ghrúpa gaolta a mbíonn 40 ball ann ar a gcuid is mó de. Sealgaire atá ann freisin agus is rónta, siorcanna, míolta beaga agus muca mara a chaitheann sé chomh maith le héisc is lú ná iad sin. Níl aon chontúirt ann don duine. Éiríonn sé an-cheansa nuair a choinnítear i ngéibheann é. Is féidir é a thraenáil.

Ar fud an domhain a thagtar air in uisce fionnuar (murab ionann is reoite). Ón Íoslainn go dtí an Mheánmhuir a fhaightear é in uiscí na hEorpa.

Is annamh a fheictear an Grampar Bréige; dubh uile a bhíonn sé agus ní bhíonn aon ghob air.

AN PÍOLÓTACH

Globicephala melaena

8 m ar a mhéad

Bleidhmhíol fiaclach é seo agus an-toirt ann. Eite chuar droma a bhíonn air agus baithis bhleibíneach. Bíonn an gob beag ach na mútóga fada biorach. Dath dubh ar a cholainn uile cé is moite de phreabán geal ar an mbolg idir na mútóga.

Speiceas cuideachtúil atá ann a dhéanann báirí 20 go dtí 100 ball agus iad ag snámh gar do chraiceann an uisce. Cudail agus scuideanna is mó a itheann sé. Déantar an míol mór seo a sheilg i bhfiach traidisiúnta na Scigirí.

Maidir le farraigí na hEorpa de bíonn an míol mór seo coitianta timpeall na hÍoslainne, na Scigirí agus in uiscí Shealtainn. Tagann sé chomh fada aduaidh leis an Meánmhuir, gar don talamh go minic.

Baithis bhleibineach a bhíonn ar an **Míol Mór Bolgshrónach** freisin ach is faide a ghob agus is lú a eite droma. Is gnáiche timpeall na hÍoslainne agus na hIorua é ach tagann sé isteach i bhfarraigí na Breataine le linn an tsamhraidh.

AN MÍOL GEAL
5 m ar a mhéad *Delphinapterus leucas*

Bleidhmhíol beag é seo ar díol suntais a dhath: bán a bhíonn sé uile agus é lánfhásta. Cruinn a bhíonn a cheann is a cholainn. Ní bhíonn aon eite droma air agus lúbann barr a mhútóige aníos. Gormghlas a bhíonn na cinn óga.

Ina ghrúpaí beaga a bhíonn sé, na cinn bhaineanna agus na cinn óga le chéile agus na fireannaigh óga leo féin. Nuair a dhéanann siad imirce tagann siad uile le chéile ina dtréad mór. Ar an ngrinneall in uisce éadomhain a fhaigheann sé a chuid. Ribí róibéis, portáin is éisc a chaitheann sé.

Speiceas Artach é seo mar is timpeall an oighir agus gar don chósta a bhíonn sé le fáil. Tagann sé chomh fada aduaidh leis an Muir Thuaidh agus Muir nIocht uaireanta.

Ní thógfaí ainmhí ar bith eile ina amhlachas seo.

AN CHAISEALÓID

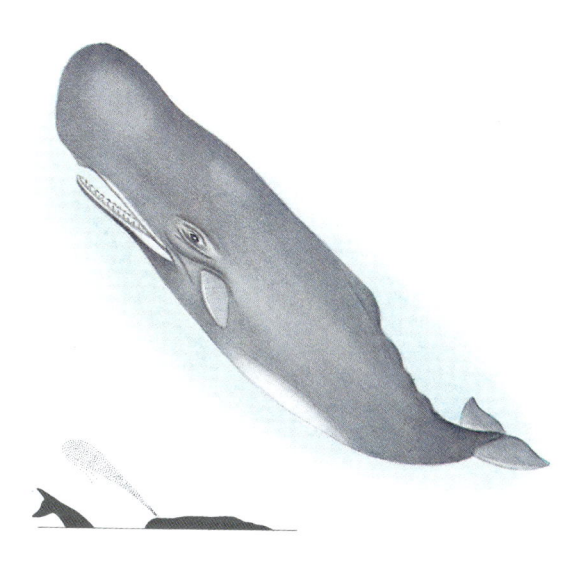

Physeter catodon — 18 m ar a mhéad (fireannach)

Bleidhmhíol é seo a mbíonn cloigeann toirtiúil maol air agus giall íochtarach fiaclach caol. Gormghlas dorcha a dhath. Bíonn na mútóga beag, agus in ionad eite droma ní bhíonn air ach sraith 'cruiteanna'. Is lú na cinn bhaineanna ná na fireannaigh.

Ina ghrúpaí 30 ball nó níos mó a bhíonn sé le fáil, i.e. baineannaigh agus cinn óga le chéile agus fireannaigh óga leo féin. Is cuid suntais an poll séideáin tuathail a steallann go fiarlánach ar uillinn 45°. Dúile de chuid na doimhneachta a chaitheann sé, i.e. ollscuideanna agus éisc.

Le fáil ar fud an Domhain in uiscí trópaiceacha agus measartha. Téann sí go huiscí an Mhoil i gcaitheamh an tsamhraidh. Corruair le fáil sa Mheánmhuir.

Ní hionann ar chor ar bith cruth an Mhíl Mhóir Chruitigh; bíonn a mhútóga fada scothbhán agus is go hingearach a shéideann sé.

AN MÍOL DÉDHÉADACH
5 m *Mesoplodon bidens*

Bleidhmhíol beag srónmhar é seo. Bíonn a shoc an-fhada. Dubh a bhíonn a dhroim ach is éadroime dath a bhoilg. Is minic a bhíonn scrabhanna ar a chraiceann. Bíonn dhá fhiacail ar nós starrfhiacla san fhireannach ina ghiall íochtarach.

Is go hannamh a fheictear gar don chósta é ach tagtar air triomaithe ar an gcladach uaireanta. Ina phéirí a bhíonn sé de réir cosúlachta.

San Atlantach Thuaidh a bhíonn sé. Thángthas air triomaithe ar chósta dheisceart Chríoch Lochlann agus taobh leis an Muir Thuaidh.

Is bleidhmhíol gobach an Míol Mór Bolgshrónach ach is mó é ná an ceann seo (9 m ar fad) agus bíonn a bhaithis bleibíneach. Feictear i bhfarraigí na hÍoslainne agus na hIorua é agus timpeall chósta na Breataine. Dhéantaí é a sheilg tráth.

AN DROIMEITEACH

Balaenoptera physalus

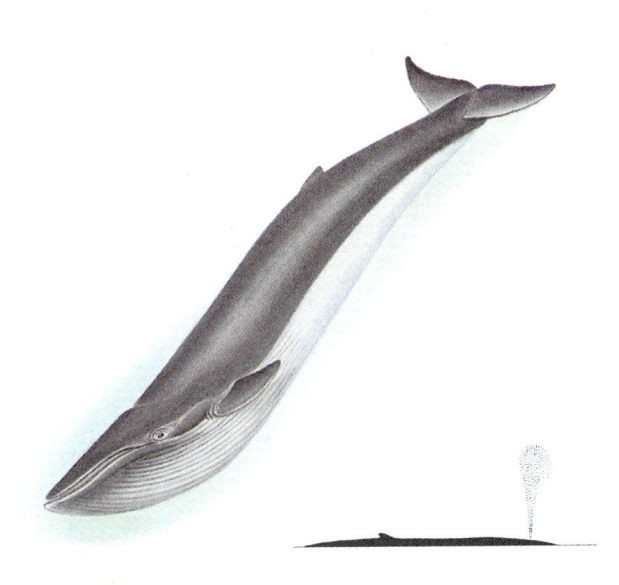

20 m ar a mhéad

Bleidhmhíol mór éidéadach é seo. Dorcha a bhíonn a uachtar ach is geal a bhíonn a íochtar. Tagann an dath geal aníos chomh fada leis an mbéal agus leis an soc ar an taobh deas amháin. Bíonn iomairí domhaine ar an mbráid. Bíonn an eite droma beag agus gar don eireaball a bhíonn sí.

Is tréadúil an t-ainmhí é seo agus gar do chraiceann an uisce a fhaigheann sé a chuid. 'Crill' a chaitheann sé,.i.e. crústaigh bheaga a scagann sé amach as an uisce leis an 'gcroiméal' snáithíneach ina bhéal.

In uiscí measartha agus in uiscí an Mhoil. Le fáil san Íoslainn, sna Scigirí, san Iorua agus in iarthar na Meánmhara. Tagann sé isteach in uiscí na Breataine i ndeireadh an tsamhraidh.

Droimeiteach an Tuaiscirt

DROIMEITEACH AN TUAISCIRT
18 m ar a mhéad *Balaenoptera borealis*

Bleidhmhíol éidéadach mór é seo a bhfuil dealramh aige leis an Droimeiteach ach gur tibhe a cholainn agus gur mó a eite droma. Bíonn gile an bhoilg siméadrach go dtí an cloigeann.

Ina aonar nó ina phéirí a bhíonn sé. Crústaigh bheaga a chaitheann sé.

Timpeall an domhain a bhíonn sé le fáil in uiscí measartha agus in uiscí an Mhoil. Maidir leis an Eoraip de feictear timpeall na hÍoslainne sa samhradh é. Is annamh a fhaightear níos faide ó dheas ná sin é.

An **Droimeiteach**.

AN DROIMEITEACH BEAG
Balaenoptera acutorostrata — 10 m ar a mhéad

Tá sé seo ar cheann de na bleidhmhíolta éidéadacha is lú dá bhfuil ann. Dubh a bhíonn a dhroim agus geal a bhíonn a íochtar. Is cuid suntais an leadhb gheal ar na mútóga. Bíonn iomairí domhaine ar a bhráid.

Ina aonar nó ina ghrúpaí gaolta is gnáiche a fheictear é. Éisc bheaga a chaitheann sé chomh maith le crústaigh is scuideanna beaga.

Timpeall an domhain a bhíonn sé le fáil in uiscí measartha agus in uiscí an Mhoil. San Eoraip, is amhlaidh a fhaightear é sna farraigí uile ón Artach go dtí an Mheánmhuir, go háirithe ar an scairbh ilchríochach.

Is mó go mór an **Droimeiteach** agus **Droimeiteach an Tuaiscirt** agus bíonn leadhb bhán na mútóige ar iarraidh orthu.

Innéacs agus Liosta Seiceála

Coinnigh tuairisc ar do chuid fríotha trí na boscaí a thiceáil.

- ☐ Airneánach — 32
- ☐ Ápa Barbarach — 104

- ☐ Béabhar Eorpach — 88
- ☐ Béar Donn — 37
- ☐ Bíosún Eorpach — 102
- ☐ Bláthnaid Ghallda — 44
- ☐ Broc — 52

- ☐ Cadhpú — 87
- ☐ Caochán Coiteann — 21
- ☐ Caochfhrancach Beag — 77
- ☐ Codlamán
  - ☐ Coill — 65
  - ☐ Darach — 66
  - ☐ Ramhar — 64
- ☐ Coinín — 92

- ☐ Dallóg
  - ☐ Choiteann — 15
  - ☐ Dhéadgheal Bheag — 19
  - ☐ Dhéadgheal Riabhach — 19
  - ☐ Fhraoigh — 16
  - ☐ Lachna — 20
  - ☐ Laxmann — 20
  - ☐ Mhion — 20
  - ☐ Shléibhe — 17
  - ☐ Uisce — 17
- ☐ Deasman Piréineach — 22
- ☐ Deilf
  - ☐ Choiteann — 109
  - ☐ Gharbhfhiaclach — 111
  - ☐ Ghobgheal — 112
  - ☐ Shrónmhar — 110
- ☐ Dobharchú — 51

- ☐ Easóg — 45
- ☐ Eilc — 97

- ☐ Fia
  - ☐ Buí — 94
  - ☐ Dobharfhia Síneach — 98
  - ☐ Odhar — 93
  - ☐ Rua — 95
- ☐ Seapánach — 98
- ☐ Síneach — 98
- ☐ Fia-chat — 56
- ☐ Francach
  - ☐ Donn — 85
  - ☐ Dubh — 84

- ☐ Ginéad — 54
- ☐ Giorria
  - ☐ Gallda — 90
  - ☐ Sléibhe — 91
- ☐ Gráinneog Choiteann — 14
- ☐ Gráinseálaí Eorpach — 61

- ☐ Hamstar — 76

- ☐ Ialtóg
  - ☐ Airneánach — 32
  - ☐ Bás Dorcha — 35
  - ☐ Bhechstein — 27
  - ☐ Chluasach Choiteann — 34
  - ☐ Chluasach Ghlas — 34
  - ☐ Crú-ialtóg Bheag — 23
  - ☐ Crú-ialtóg Bhlasius — 24
  - ☐ Crú-ialtóg Mheánmhuirí — 24
  - ☐ Crú-ialtóg Mhehely — 24
  - ☐ Crú-ialtóg Mhór — 23
  - ☐ Dhaubenton — 28
  - ☐ Eireaballach Eorpach — 36
  - ☐ Geoffroy — 26
  - ☐ Ghiobach — 25
  - ☐ Ildathach — 36
  - ☐ Leisler — 31
  - ☐ Luiche Bheag — 27
  - ☐ Luiche Mhór — 27
  - ☐ Natterer — 26
  - ☐ Púca na hOíche — 31
  - ☐ Schreiber — 36
  - ☐ Thuaisceartach — 33
- ☐ Ibeach — 100
- ☐ Icneoman — 55
- ☐ Iora
  - ☐ Eitilte — 63
  - ☐ Glas — 60
  - ☐ Rua — 59

- ☐ Leimín
- ☐ Coille — 68
- ☐ Lochlannach — 67
- ☐ Lincse — 58
- ☐ Bhreac — 57
- ☐ Luch
- ☐ Bheithe an Deiscirt — 82
- ☐ Bheithe an Tuaiscirt — 82
- ☐ Bhráidbhuí — 79
- ☐ Fhéir Stríocach — 81
- ☐ Fhómhair — 78
- ☐ Tí — 83

- ☐ Mac Tíre — 41
- ☐ Mártan
- ☐ Feá — 50
- ☐ Péine — 49
- ☐ Minc
- ☐ Eorpach — 46
- ☐ Mheiriceánach — 47
- ☐ Miól Mór
- ☐ Caisealóid — 117
- ☐ Cráin Dhubh — 114
- ☐ Droimeiteach — 119
- ☐ Droimeiteach Beag — 121
- ☐ Geal — 116
- ☐ Muc Mhara — 113
- ☐ Muscfhrancach — 86

- ☐ Racún — 43
- ☐ Réinfhia — 96
- ☐ Rón
- ☐ Beag — 105
- ☐ Fáinneach — 108
- ☐ Glas — 106
- ☐ Manach Mara — 107

- ☐ Seacál — 40
- ☐ Seamaí — 99
- ☐ Sionnach — 38
- ☐ Artach — 39

- ☐ Toghán — 48
- ☐ Torc Allta — 103
- ☐ Torcán Craobhach — 89

- ☐ Vól
- ☐ Bruaigh — 70
- ☐ Coiteann — 73
- ☐ Droimrua an Tuaiscirt — 75
- ☐ Féir — 74
- ☐ Fréimhe — 75
- ☐ Péine Coiteann — 72
- ☐ Péine na Meánmhara — 75
- ☐ Sneachta — 75
- ☐ Taobhghlas — 69